일과 직업, 어디까지 아니?

일과 직업, 어디까지 아니?

초판 1쇄 2021년 5월 10일
초판 4쇄 2022년 11월 11일

글쓴이 | 신서현
그린이 | 에스더

펴낸이 | 조영진
펴낸곳 | 고래가숨쉬는도서관
출판등록 | 제406-2012-000082호
주소 | 경기도 파주시 회동길 329 (서패동) 2층
전화 | 031-955-9680~1 팩스 | 031-955-9682
홈페이지 | www.goraebook.com
이메일 | goraebook@naver.com

글 ⓒ 신서현 2021 | 그림 ⓒ 에스더 2021

* 값은 뒤표지에 적혀 있습니다.
* 잘못 만든 책은 구입하신 서점에서 바꾸어 드립니다.
* 책의 내용과 그림은 저자나 출판사의 서면 동의 없이 마음대로 쓸 수 없습니다.

ISBN 979-11-89239-48-0 74330
       978-89-97165-49-0 74080(세트)

품명: 도서 | 전화번호: 031-955-9680 | 제조년월 : 2022년 11월
제조국명: 대한민국 | 제조자명: 고래가숨쉬는도서관
주소: 경기도 파주시 회동길 329 2층 | 사용 연령: 10세 이상
*KC마크는 이 제품이 공통안전기준에 적합하였음을 의미합니다.

일과 직업, 어디까지 아니?

글쓴이 신서현 | 그린이 에스더

차 례

작가의 말 | 8

들어가는 이야기-직업의 요정, 잡니 | 10

제1장. 일과 직업에 관한 우리의 생각은요 16

꼭 일을 해야 하나요? 그냥 놀면 안 되나요? | 18

돈을 많이 버는 직업에는 뭐가 있나요? | 21

어린이도 돈을 벌 수 있나요? | 26

청소부는 창피한 직업인가요? | 27

공부를 못하면 원하는 직업을 가질 수 없나요? | 29

꿈이 없으면 어떻게 해요? | 31

가정주부도 직업인가요? | 33

왜 높은 자리에 있는 여자는 별로 없나요? | 35

실업자는 게으르고 무능한 사람인가요? | 38

장애인도 직업을 가질 수 있나요? | 41

나이가 많이 들어도 할 수 있는 직업이 있나요? | 43

저는 진짜 잘하는 게 하나도 없어요. 재능이 없는 사람은 어떻게 하나요? | 45

제2장. 초등학생이 가장 희망하는 직업은 이거예요 48

1위 운동선수 | 51

2위 교사 | 54

3위 크리에이터 | 56

4위 의사 | 60

5위 조리사(요리사) | 63

6위 프로게이머 | 65

7위 경찰관 | 67

8위 법률 전문가 | 69

9위 가수 | 71

10위 뷰티 디자이너 | 74

11위 만화가(웹툰 작가) | 76

12위 과학자 | 78

13위 제과·제빵사 | 80

14위 컴퓨터 공학자 / 소프트웨어 개발자 | 82

15위 수의사 | 83

16위 작가 | 86

17위 배우 / 모델 | 88

18위 연주가 / 작곡가 | 91

19위 군인 | 93

20위 생명·자연 과학자 및 연구원 | 95

제3장. 이 직업도 궁금해요 97

공무원은 무슨 일을 하나요? | 99
교수님과 선생님은 뭐가 다른가요? | 102
스님, 신부님, 목사님도 직업인가요? | 103
사장, 회장, CEO의 차이는 뭔가요? | 105
대기업과 중소기업은 뭐가 다른가요? | 107

제4장. 미래 직업 세계를 준비해요 111

도대체 4차 산업혁명이 뭐죠? | 113
인공지능과 로봇이 일자리를 다 가져가면 어쩌죠? | 116
미래 전망이 좋은 직업에는 무엇이 있나요? | 119
통일이 되면 어떤 직업의 전망이 좋을까요? | 124

나가는 이야기-내 꿈은 직업의 요정 | 128

 작가의 말

꿈을 찾고 있는 친구들에게

선생님은 남이 부러워할 만한 어린 시절을 보내지는 못했습니다. 이사를 자주 다녔고, 부모님이 다투시는 소리에 눈물 흘리며 자는 날이 많았으며, 파티도 선물도 케이크도 없는 생일을 자주 보냈습니다. 중학생이 되고 나서는 집에 가기 싫어 도서관에서 밤 10시까지 공부하다 집에 간 적도 많았어요.

그래도 선생님은 항상 밝고 자신감이 넘쳤습니다. 친구들은 선생님의 사정을 전혀 몰랐을 정도로요. 해마다 학급 임원을 맡았고 중고등학교 때는 학생 회장도 했어요. 그리고 결국 선생님이라는 꿈도 이루었습니다. 어떻게 그럴 수 있었을까 선생님은 어른이 돼서 곰곰이 생각을 해 보았습니다.

선생님은 늘 마음속에 꿈을 품고 살았던 것 같아요. 간호사, 선생님, 화가, 만화가, 큐레이터, 아나운서, 한의사, 치과 의사, 교수, 기자……. 이것들이 선생님이 어린 시절 마음속에 품었던 꿈들입니다. 꿈이 자주 바뀌었지만 한 번도 꿈이 없었던 적은 없었어요. 나는 커서 선생님이 될 거고, 멋진 빨간색 승용차를 사서 제자들을 태우고 아이스크림을 사 줄 거야 이런 생각을 하면 어두운 마음은 금방 사라지고 얼굴에 환한 미소가 피었습니다.

　그리고 선생님은 책을 많이 읽었습니다. 책에 푹 빠져서 한참을 읽고 나면 기분이 한결 나아졌거든요. 또 책 속의 멋있는 인물들처럼 살아야 겠다는 다짐을 자주 했습니다.『나의 라임오렌지나무』의 뽀르뚜까 아저씨처럼 돈을 많이 벌어 어린이들에게 과자를 사 줘야지 생각했고, 시험 기간에는『해리 포터』시리즈의 헤르미온느가 내 라이벌이라고 생각하고 열심히 공부해서 1등을 한 적도 있었습니다. 엉뚱한 생각이지만 이런 생각들은 선생님이 성장하는 데 큰 도움이 되었습니다.

　여러분도 학년이 올라갈수록 성적, 미래, 가족, 친구 등 고민과 걱정이 늘어가고 있을 것입니다. 하지만 마음속에 꿈을 품고 있는 사람은 고민 속에서도 행복을 찾을 수 있고, 어떠한 어려움도 극복할 수 있습니다. 그리고 독서는 꿈을 이루기 위해 노력하는 여러분을 힘껏 도와주는 좋은 친구가 될 것입니다. 어려움 속에서도 꿈을 찾아가는 어린이들을 돕기 위해 이 책을 썼습니다. 이 책을 읽고 자신이 정말 좋아하고 하고 싶은 일을 찾아내 큰 꿈을 마음속에 품기를 바랍니다.

　인생의 의미는 사랑하는 사람과 함께 살아가는 것, 그 이상도 이하도 아님을 알게 해 준 가족과 친구들에게 고마움을 전합니다.

 들어가는 이야기

직업의 요정, 잡니

"딩동댕동 딩동댕동."

6교시 수업을 마치는 종소리가 울렸다. 아, 드디어 집에 간다! 내 얼굴에 드디어 엷은 미소가 떠올랐다. 선생님이 마치기 전 당부하셨다.

"여러분, 실과 시간에 내준 숙제 잊지 마세요. 다음 주까지 나의 장래 희망 보고서 제출하기로 한 거요. 그럼 마칩시다."

내 얼굴에 잠시 머물렀던 미소는 선생님의 말씀에 금방 사라져 버렸다.

"장래 희망? 나는 뭐가 되면 좋을까? 잘하는 것도 없는데…… 뭐가 되고 싶은지도 모르겠는데 보고서를 어떻게 쓰지? 아, 스트레스 받는다."

그때 익숙한 골목길에 어색한 분홍색 기계 하나가 눈에 띄었다.

"어? 여기에 원래 인형 뽑기 기계가 있었나?"

숙제는 뽑기나 한 판하고 걱정해 보자. 동전이 기계에 딸각 들어가더니 요란한 효과음과 함께 집게에 뭔가가 걸렸다.

"나 참, 인형 뽑으려고 했는데 이상한 깡통 같은 게 걸렸네. 이게 뭐야? 알라딘 요술 램프 장난감인가?"

맘에 들지는 않았지만 버리기는 아까워 집으로 가져갔다. 현관문을 열자마자 누나가 잔소리로 샤워를 시켜 줬다.

"야, 오세계! 너 학교 끝나면 곧장 집으로 와야지, 뭐 하다 이제 와?"

"오늘은 내 미래에 대한 진지한 고민을 하다 늦은 거라고! 누나 이거 가져."

"이게 뭐야? 너 또 인형 뽑기 했지? 용돈 좀 아껴 쓰라니까."

"숙제 때문에 머리 복잡한데 잔소리 좀 그만해. 갖기 싫으면 다시 줘!"

누나 손에서 램프를 낚아챘다. 괜히 무안해져서 손에 든 램프를 문질러 댔다. 그때 갑자기 펑 소리가 나더니 뭉게뭉게 연기 사이로 이상한 형체가 하나 나타났다.

"부르셨습니까, 주인님."

낮고 점잖은 남자 목소리가 거실에 울려 퍼졌다.

"뭐야? 뭐야? 누나 장난치지 마. 나 무서워."

"누나가 장난치는 거 아냐. 누 누구세요? 저희 초 초등학생이에요. 돈 하나도 없어요. 지금 안 나가면 경찰에 신고할 거예요."

역시 야무지고 똑똑한 누나는 나보다 낫다. 누나는 목소리를 떨면서도 그 이상한 형체 눈을 똑바로 바라보며 말했다. 이상한 형체가 입을 열었다.

"놀라지 마세요. 저는 저 램프에서 나왔어요. 저는 **직업의 요정**이에요. 오세계, 오미래 남매 맞으시죠?"

세상에, 나와 누나 이름까지 알고 있다니. 아니, 그보다 요정이라니! 인공지능이 바둑까지 두는 4차 산업혁명 시대에 요정이 있다고?

"요정? 그럼 너 램프의 요정, 지니야? 아니, 지니예요?"

"세계와 미래는 저의 주인님이에요. 말씀 편하게 하세요. '지니'는 램프의 요정이고, 저는 직업의 요정 **'잡니'**예요. 지니는 제 먼 친척이죠."

잡니를 아직 믿을 수는 없지만 둥실둥실한 얼굴에 맑은 눈동자가 왠지 악당은 아닌 것 같았다. 누나는 여전히 의심스럽다는 눈빛으로 잡니를 쳐다보며 말했다.

"직업의 요정이 왜 우리 앞에 나타난 거죠? 아니, 나타난 거지?"

"저는 미래를 고민하는 어린이들을 돕는 일을 해요. 여기저기 다니며 도와줄 주인님을 찾다가 세계 주인님을 발견하고 인형 뽑기 기계를 이용해 따라왔지요. 제 이름 '잡니'의 '잡(job)'은 영어로 직업이라는 뜻이에요. 세계 주인님, 장래 희망 보고서 도와줄 사람 필요하지 않으신가요?"

나는 깜짝 놀라 눈이 왕방울만 해졌다.

"누나, 아무래도 진짜 요정 맞는 거 같아. 우리 이름이며 내 숙제까지 알고. 일단 도둑이나 유괴범 같지는 않으니까 내 숙제나 도와주라고 해 보자."

누나는 고개를 끄덕이더니 램프를 꼭 쥔 채로 잡니에게 명령을 했다.

"너, 우리가 네 주인이라고 했지? 그럼 우리가 하라는 대로 할 거지?"

"그럼요, 미래 주인님."

"우선 세계 숙제 네가 책임지고 도와줘. 그리고 지금 당장 램프로 들어가서 우리가 부를 때까지 나오지 마."

말이 끝나기가 무섭게 잡니는 램프 속으로 빨려 들어갔다.

누나의 잔소리 샤워가 다시 시작됐다.

"야, 오세계 너 진짜! 내가 아무거나 집으로 가져오지 말랬지!"

제1장. 일과 직업에 관한 우리의 생각은요

나도 돈 벌고 싶어!

나른한 토요일 오후다. 엄마, 아빠는 동창회에 가시고 나는 누룽지처럼 거실 바닥에 붙어 있다. 누나는 책을 읽고 있는 것 같다. 뭐, 재미있는 일 없나?

그래, 인형 뽑기나 한 판 하러 가자. 저번에 이상한 요정을 뽑았으니 이번에는 진짜 램프의 요정을 뽑을 테다. 이런, 닝김하다. 돈이 없다. 잡니한테 달라 할까? 나를 주인님으로 모신다고 했으니 천 원 정도는 꿔 주겠지. 누나가 램프를 든 나를 보고 말했다.

"야, 하지 마. 그 요상한 녀석 불러내서 뭐 하게."

문지르자마자 잡니가 펑 하고 램프에서 나왔다.

"부르셨습니까, 주인님."

"잡니야, 너 저번에 분명 우리가 하라는 대로 한다고 했지. 그럼 나 천 원만 주라. 지금 네 주인이 용돈이 필요해."

누나는 기가 차다는 표정이다. 잡니도 난감한 표정을 짓는다.

"주인님, 저는 램프의 요정이 아니라 직업의 요정이에요. 돈이나 보석 같은 건 가지고 있지 않아요. 제가 주인님에게 드릴 수 있는 건 직업에 관한 정보랍니다."

이것저것 마법은 잘도 부리면서 천 원도 없다니. 나는 괜히 심통이 나서 잡니에게 쏘아붙였다.

"야, 너는 요정이면서 그것도 못 하냐! 그럼 나 일자리라도 알아봐 줘. 너 직업의 요정이라며. 그건 할 수 있겠네. 앞으로 내 용돈은 내가 스스로 벌 거야. 돈 많이 버는 직업으로 알아봐 줘."

"돈을 많이 벌 수 있는 직업이요? 그거야 알려 드릴 수 있지만 세계 주인님은 그 일 절대 못해요."

누나도 돈 많이 버는 직업에 관심이 갔는지 끼어들었다.

"그럼 그렇지! 세계 같은 장난꾸러기가 그런 일을 할 수 있을 리가. 잡니야, 그럼 그 직업 나에게 알려 줘. 나는 되지? 나는 공부도 잘하고 성실한 편이니까."

누나가 눈을 반짝반짝 뜨며 잡니를 바라보는데 잡니는 고개를 도리도리했다.

"미래 주인님도 안 돼요."

"아니, 왜?"

잡니는 당연한 걸 묻냐는 태도로 말을 이어 갔다.

"세계, 미래 주인님은 어린이니까요. 어린이는 일을 할 수 없어요. 왜 그런지는 설명해 드리지요."

Q 꼭 일을 해야 하나요? 그냥 놀면 안 되나요?

노는 건 정말 최고예요. 노는 게 짱인데 왜 사람은 일을 해야 할까요? 뭐 이유는 간단하죠. 돈을 벌어야 하니까. 일을 하지 않아도 먹고 살 돈이 충분하다면 뭣 하러 사람들이 새벽부터 일어나서 회사에 출근하겠어요.

실제로 로또 복권에 당첨되면 직장을 그만두겠다는 사람이 40% 정도 된대요. 어, 근데 조금 이상하지 않나요? 여전히 절반이 넘는 사람들은 돈이 많아도 직장을 계속 다니겠다는 말이잖아요. 일은 돈 때문에 하는 건데…… 일을 하는 이유가 돈 말고 또 있나 봐요.

직업의 의미는 크게 세 가지가 있어요. 경제적 의미, 심리적 의미, 사회적 의미.

경제적 의미는 여러분이 잘 알다시피 돈을 벌어서 생활의 기반을 마련하는 것이죠.

심리적 의미는 무엇일까요? 사람들이 직업을 갖는 또 다른 이유는 자아실현을 통해 심리적인 만족감을 얻을 수 있기 때문이에요. '자아실현', '심리적인 만족감' 단어가 좀 어려운데요, 자신의 잠재력을 최대한 끌어내서 꿈을 이루어 내는 것을 자아실현이라고 해요. 하고 싶었던 일을 스스로 노력해서 해냈을 때 느끼는 기쁨이라고 이해해도 되겠네요.

예를 들어 의사 선생님이 아주 어려운 수술을 해냈을 때의 기쁨, 달리기 선수가 기록을 단축했을 때의 기쁨 같은 거요.

그렇다면 **사회적 의미**는 무슨 뜻일까요? 일하는 모든 사람은 자기 일을 하면서 동시에 사회의 유지와 발전에도 기여하고 있어요.

제빵사는 돈을 벌기 위해 빵을 만들지만, 빵집이 있으니 아침을 못 먹은 사람이 빵을 사 먹고 배고픔을 달랠 수 있지요. 어린이집 선생님이 있으니까 직장에 다니는 엄마, 아빠들이 아이를 맡기고 일을 하러 갈 수 있고요. 이렇게 직업을 통해 다른 사람들과 사회적 관계를 맺고,

사회 발전에 도움을 주는 게 직업의 사회적 의미예요.

일을 하는 이유는 돈 버는 것 말고도 이렇게 많아요. 그리고 일을 하는 이유는 '**더 잘 놀기 위해서**'이기도 해요. 숙제를 안 하고 놀면 뭔가 마음이 불안하고 찜찜하지 않나요? 그런데 숙제를 다 해 놓고 놀면 마음이 가볍고 훨씬 신나죠.

일을 하고 뿌듯한 마음으로 편히 노는 게 매일 불안한 마음으로 노는 것보다 훨씬 행복해요. 노는 건 짱이니까 더 잘 놀기 위해 일을 해야 한다, 그럴듯하지 않나요?

Q 돈을 많이 버는 직업에는 뭐가 있나요?

이것만큼 궁금한 질문이 또 있을까요? 여러분처럼 꿈을 찾는 어린이뿐만 아니라 어른들도 늘 관심이 많은 질문이에요. 가장 궁금한 질문이니 속 시원히 알아보도록 합시다.

2018년 기준 소득이 높은 직업은 1위가 기업 고위 임원, 2위가 국회 의원, 3위가 외과 의사, 4위가 항공기 조종사, 5위가 피부과 의사래요. 그 외에 내과 의사, 치과 의사, 한의사 등 각종 의사, 도선사, 고위 공무원, 대학교수, 판사, 변호사, 검사, 회계사, 스포츠 감독과 코치, 경제학 연구원, 외환 딜러 등이 소득이 높은 직업 50위 안에 드는 직업이었어요. 여러분에게 익숙한 직업도 있고 낯선 직업도 몇 가지 보이네요.

여기서 소득이 높은 직업들을 전부 살펴보긴 어렵고요, 1위를 한 기업 고위 임원은 무슨 일을 하는 직업인지 함께 알아봐요. 상무, 전무, 사장, 회장 같은 직책 이름을 텔레비전에서 들어 본 적이 있을 거예요. 이 사람들이 바로 회사의 임원이에요. 보통 대리, 과장, 부장 등을 거쳐 승진하면 임원이 되지요. 임원은 월급을 많이 받는 만큼 할 일이 많고 책임도 커요. 스스로 할 일을 계획하고 자신이 맡은 부서를 이끌어야 하지요. 또 회사에 위기가 닥쳤을 때 해결하고 책임을 져야 하고요.

소득이 높은 직업의 공통점이 무엇일까요? 아래 표를 살펴보면 'ㅇㅇ 전문가', 'ㅇㅇ 관리자' 같은 직업이 많다는 것을 알 수 있을 거예요. '전문가'는 그 분야를 오래 연구하거나 그 일에 오랫동안 종사해서 상당한 지식과 경험을 갖춘 사람을 말해요. '관리자'는 회사, 기관의 임원을 말하는데 업무를 지휘하고 감독하는 위치에 있어서 책임이 큰 사람이고요. 그 외에 의사, 항공기 조종사, 검사·판사·변호사 같은 전문 직업은 오랜 기간 공부하고 어려운 시험에 붙어서 자격을 갖춘 사람들로 이 사람들을 대신해서 일할 사람이 많지 않은 직업들이지요. 정리하자면 **전문적인 지식과 기술, 경험을 가지고 있고 일의 결과에 대해 책임을 지며 그 일을 대신할 사람이 많지 않은 직업이 소득이 높은 직업**이라고 할 수 있어요.

하지만 이런 순위는 평균을 나타낸 것이에요. 예를 들어 식당 사장이나 크리에이터는 50위 안에 없는 직업이지만 유명 맛집 사장님, 인기 유튜버는 1위를 한 기업 임원보다 소득이 높지요. 또 배우의 평균 소득은 거의 꼴찌에 가깝게 낮지만 인기 배우의 소득은 걸어 다니는 기업이라고 할 정도로 어마어마하답니다. 결론은 무슨 일을 하든 열심히 노력해서 전문성을 갖추면 돈을 많이 벌 수 있다는 뜻이에요.

평균 소득이 높은 직업(출처 : 한국고용정보원, 2018 한국의 직업정보)

1	기업 고위 임원	14	이비인후과 의사
2	국회의원	15	금융 관리자
3	외과 의사	16	대학교 총장 및 대학 학장
4	항공기 조종사	17	방사선과 의사
5	피부과 의사	18	산부인과 의사
6	내과 의사	19	마취 병리과 의사
7	도선사	20	한의사
8	치과 의사	21	보건·의료 관리자
9	정신과 의사	22	성형외과 의사
10	시장 및 여론조사 관리자	23	보험 관리자
11	안과 의사	24	대학교수
12	행정부 고위 공무원	25	판사
13	비뇨기과 의사	26	가정 의학과 의사

27	소아과 의사	39	일반 의사
28	투자 분석가	40	중·고등학교 교장 및 교감
29	회계사	41	양식원
30	스포츠 감독 및 코치	42	신용 분석가
31	정부 행정 관리자	43	보험 계리사
32	헬리콥터 조정사	44	연구 관리자
33	경영 지원 관리자	45	검사
34	경영 컨설턴트	46	감정평가사
35	경제학 연구원	47	경찰 관리자
36	외환 딜러	48	정부·공공 행정 전문가
37	초등학교 교장 및 교감	49	건설·채굴 관리자
38	변호사	50	마케팅·광고·홍보 관리자 (부서장)

Q 어린이도 돈을 벌 수 있나요?

어린이는 일을 할 수 있을까요, 없을까요? **어린이는 일을 할 수 없어요. 우리나라 법에서는 만 15세 이상부터 일을 할 수 있도록 정해 두었어요.** 그러면 텔레비전에 나오는 아역 배우랑 어린이 트로트 가수는 뭐냐고요? 만 13세 이상부터 만 15세 미만의 경우는 자기가 정말 하고 싶은 일이 있으면 학교 공부에 지장을 받지 않는 범위에서 고용노동부의 허락을 받아 일을 할 수 있어요.

그리고 만 13세 미만도 고용노동부의 허락을 받아 일을 할 수 있긴 해요. 하지만 예술 공연 외의 다른 일은 절대로 안 돼요. 또 어린이와 청소년은 일할 수 있는 시간이 정해져 있어요. 그래서 드라마를 찍을 때 아역 배우가 나오는 장면은 낮 시간에 촬영을 한대요.

왜 어린이는 일을 하지 못하게 법으로 막아 두었을까요? 어린이에게 필요한 것은 돈보다 어린이가 잘 성장할 수 있도록 돕는 보살핌과 교육이기 때문이에요. 다양한 경험을 하고 배우면서 몸과 마음이 충분히 자라야 하는데, 일을 하면 그럴 시간이 부족해지지요.

또 다른 이유는 어린이는 아직 스스로를 지킬 힘이 부족하기 때문이에요. 세상에는 어린이를 이용해서 돈벌이를 하려는 나쁜 사람들, 어리다고 무시하고 부당한 대우를 하는 치사한 사람들도 있거든요.

어린 시절은 돈으로 가치를 매길 수 없는 소중한 시간이에요. 무엇이든 될 수 있고 배울 수 있으니까요. 어른이 되면 직업을 바꾸거나 새로운 것을 배우기가 쉽지 않아요. 나중에 정말 하고 싶은 일을 하면서 살 수 있도록 역량을 키우는 게 지금 아르바이트를 해서 몇천 원, 몇만 원 버는 것보다 더 가치 있는 일이에요.

정말 가지고 싶은 게 있다면 훌륭한 논리로 부모님을 설득하거나, 용돈을 꾸준히 저축해서 손에 넣어 봐요. 부모님을 설득하는 것, 계획을 세워 돈을 모으는 것은 굉장한 능력이고 아주 좋은 경험이랍니다. 그리고 자신이 꼭 돈을 벌어야 할 만큼 우리 가족이 어려운 처지에 있다면 여러분 혼자 해결하려고 하지 말고, 학교 선생님이나 행정 복지 센터 등 도움을 줄 수 있는 어른들과 먼저 상담해 보세요. 우리나라는 어려운 처지에 있는 사람들을 돕는 복지 제도가 잘 마련되어 있어요.

Q 청소부는 창피한 직업인가요?

한 청소부가 건물을 청소하다가 엄마와 어린아이가 손을 잡고 가는 것을 보았대요. 아이가 귀여워서 흐뭇하게 바라보는데, 그 엄마가 아이에게 "너 나중에 공부 안 하면 저렇게 된다." 속닥거리더래요. 그 말을 듣고 청소부는 마음이 많이 아팠다고 해요. 맡은 일에 책임감을 갖고 열심히 일을 하고 있었는데 어이없는 이야기를 들었으니까요.

청소부를 환경미화원이라고도 해요. 구청에서 환경미화원 모집 공고를 내면 많은 사람들이 지원한답니다. 월급도 적지 않아요.

직업에는 귀천이 없어요. 모든 직업은 소중해요. 청소부가 있으니 깨끗한 환경에서 살 수 있고, 건설 노동자가 있으니 튼튼한 건물을 지을

수 있어요. 대리운전 기사가 있어서 음주 운전을 하는 사람들이 줄어들고 있고요.

우리는 이웃의 이름과 얼굴도 모르는 채 살아가지만 항상 서로 돕고 있어요. 각자 맡은 일을 열심히 하면 나도 모르는 새 서로를 돕게 되는 거지요.

그런데 사람들은 자주 착각해요. 돈을 많이 버는 직업은 '귀한 직업'이고, '귀한 직업'을 가진 사람은 '귀한 사람'이라고요. 직업이 사람의 가치를 결정할 수 있을까요? 돈을 많이 버는 회사 사장님은 돈을 그보다 적게 버는 청소부보다 귀한 사람일까요? 직업을 떠나 모든 사람은 한 명 한 명 귀중한 존재예요. 그러니 직업에 대한 귀천 의식은 당연히 버려야 하고, 직업으로 사람을 판단하는 잘못된 습관도 버려야 해요.

Q 공부를 못하면 원하는 직업을 가질 수 없나요?

공부가 꿈을 이루게 해 주는 요술 지팡이는 아니에요. 학교 다닐 때 공부를 못했어도 자신의 꿈을 이룬 사람들은 많이 있어요. 그런데 이상하죠. 어른들은 "그렇게 공부 안 해서 커서 뭐 될래?" 이런 소리를 자주 하시니까요. 사실 공부를 잘하면 꿈을 이루는 데 도움이 되긴 해요.

대학을 꼭 졸업해야만 가질 수 있는 직업도 많고, 시험에 합격해야만 될 수 있는 직업도 많거든요. 어른들의 잔소리는 여러분들이 커서 무엇이 될지 모르니까 나중을 위해 우선 공부를 잘해 두라는 뜻일 거예요.

공부를 해야 하는 이유는 좋은 성적을 위해서가 아니에요. 여러분은 자신에 대해 잘 알고 있나요? 무엇을 잘하는지, 무엇을 좋아하는지, 어떤 일을 할 때 가장 행복한지, 질릴 만큼 계속해도 항상 즐거운 일은 무엇인지 확실하게 알고 있는 친구는 아마 많지 않을 거예요.

이게 바로 여러분이 공부를 해야 하는 이유랍니다. **어린 시절의 공**

부는 지식을 쌓게 해 주고, 내가 무엇을 좋아하고 잘하는지를 알게 해 줘요. 국어, 수학, 사회, 과학, 미술, 음악, 체육, 영어 등 다양한 과목을 배우면서 '아, 나는 글을 잘 쓰는구나!', '나는 과학보다는 사회가 더 좋아.', '나는 그림 그리는 일은 질리지 않고 재밌어.' 이런 나도 몰랐던 나에 대한 정보를 얻게 되거든요. 이런 정보가 여러분이 꿈을 결정하고 이루어 가는 것을 도와주지요.

사실 공부를 못하는 것보다 공부를 시험 점수만을 위해서 하는 게 더 큰 문제예요. 내가 뭐가 되고 싶은지도 모른 채 점수 따기용 공부만 하면 점수에 맞춰서 직업을 고르게 되겠죠.

그렇게 선택한 직업이 나와 맞지 않으면요? 다시 많은 길을 되돌아가야 해요. 성적에 맞춰서 직업을 고르는 것이 아니라, 되고 싶은 직업을 먼저 정하고 그 직업을 위해 필요한 성적을 만드는 게 올바른 길이랍니다.

Q 꿈이 없으면 어떻게 해요?

우리나라 초등학생들에게 장래 희망이 있냐고 물어보면 있다는 친구들이 10명 중 8명 정도 돼요. 이 말은 10명 중 2명은 꿈이 없다는 뜻인데 무엇이든 될 수 있는 나이에 꿈이 없다는 건 안타까운 일이에요. 그런데 이 친구들의 마음속을 잘 들여다보면 진짜로 꿈이 없는 건 아니에요. **저마다 하고 싶은 일이 마음속에 있어요.** 남의 눈치를 보느라 말을 못 하는 거죠. "난 가수가 되고 싶어."라고 말하면 "네가 무슨 가수야? 노래도 잘 못하면서." 이런 말을 들을까 봐.

내 꿈인데 왜 다른 사람의 눈치를 봐야 하죠? 미래는 아무도 모르는 건데, 왜 벌써 안 될 거라고 생각하는지 모르겠어요. 여러분이 사과라면 아직 꽃도 안 핀 상태인데, 벌써 "나는 태풍 때 떨어져서 버려질 거야."라고 말하고 있는 것과 같아요. "사과 주스가 될 거야.", "애플파이가 될 거야."라고 얼마든지 말해도 된다고요.

내 꿈은 가수라고 말해 놓고 가수가 안 되면 어떻게 하냐고요? 안 되면 뭐 어때요. 다른 거 하면 되지. 그래도 가수를 꿈꾸면서 익힌 노래, 춤 같은 재능들은 사라지지 않고 그대로 남을 거예요.

그리고 안 해서 후회하는 것보다 해 보고 후회하는 게 더 나아요. 내가 할 수 있는 것과 못하는 것, 잘하는 것과 서투른 것을 확실히 알게 되잖아요.

그리고 여러분 나이 때 장래 희망이 여러 개인 것, 자주 바뀌는 것은 정말 자연스러운 현상이에요. 해마다 몸과 마음이 자라는데 관심사가 바뀌고, 되고 싶은 게 바뀌는 건 당연하죠. 장래 희망이 바뀔 때마다 여러분은 그와 관련된 경험을 하게 될 거예요. 만화가를 꿈꾸면 그림을 많이 그려 볼 거고, 축구선수를 꿈꾸면 열심히 공을 차겠지요. 그러다 보면 내가 진짜 하고 싶은 것, 내가 잘하는 것이 조금씩 눈에 보이기 시작해요. 그렇게 자기 진짜 꿈을 찾게 되는 거예요.

Q 가정주부도 직업인가요?

가정주부는 직업이 아니에요. 직업이 되려면 세 가지 조건을 만족해야 해요. 바로 **경제성, 지속성, 윤리성**이지요. 경제성은 일의 대가로 보수(일한 대가로 받는 돈이나 물품)를 받아야 한다는 뜻이고, 지속성은 잠깐 하고 마는 게 아니라 꾸준히 이어 나가야 한다는 뜻이에요. 마지막으로 윤리성은 사회에 해를 끼치거나 불법적인 활동이 아니어야 한다는 뜻이지요.

가정주부는 지속성과 윤리성은 만족하지만 경제성이 없어서 직업이 될 수 없어요. 어머니, 아버지가 집안일을 하는 대가로 돈을 받지는 않으니까요.

경제성이 없다 보니 가정주부를 중요하게 생각하지 않는 사람들이 가끔 있는데요. 사실 집안일은 굉장한 창의성과 엄청난 체력을 필요로 한답니다. 하루 세 끼 식구들이 먹을 메뉴를 정하고 재료를 구입해서 요리하고 치우는 일은 간단하지 않아요. 이 세상에서 제일 많은 가게가 식당인 이유도 이 때문이지요.

집에서 할 일이 요리뿐인가요? 집 안 곳곳을 청소하는 일, 빨래를 세탁하고 정리하는 일, 쓰레기를 분류해서 버리는 일, 세금을 내고 생활비를 관리하는 일 등 회사라면 각 분야별로 담당자를 둘 만큼 많은 시간과 노력이 필요한 일이에요. 만약 가족 중 아기나 환자가 있다면 가정주부의 어려움은 배가되겠지요.

실제로 집안일을 해 주는 가사 도우미를 고용하면 꽤 많은 월급을 드려야 해요. 하지만 가사 도우미는 집안일만 담당하지 아기를 돌보거나 환자를 보살펴 주지는 않아요. 아기를 돌보는 일은 베이비시터, 환자를 돌보는 일은 요양 보호사라고 직업이 따로 있어요. 하지만 부모님은 낮이건 밤이건 우리를 위해 어떤 일이든 척척 해 주시고, 아기를 돌보는 것은 물론 아픈 가족도 간호해 주시지요.

가정주부는 직업은 아니지만 세상 어떤 직업보다도 중요한 일을 하는 사람이에요. 그러니 부모님에게 감사한 마음을 자주 표현하고 내가 할 수 있는 집안일을 찾아 스스로 해 보기로 해요.

Q 왜 높은 자리에 있는 여자는 별로 없나요?

일단 높은 자리가 뭔가요? 회사의 임원, 공공기관의 관리자, 정치인(국회의원, 대통령 등) 같은 직업을 보통 높은 자리라고 부르지요. 이 직업들의 공통점은 공부를 열심히 해서 전문성을 인정받거나 한 분야에서 오랫동안 일을 해서 경력을 쌓아야 될 수 있다는 거예요. 그러면 여자들이 높은 자리에 없는 이유를 두 가지로 생각해 볼 수 있군요. 여자들이 공부를 열심히 하지 않았거나 일을 오랫동안 하지 않은 거죠. 무엇이 진짜 원인인지 파헤쳐 봅시다.

첫 번째 추측, 여자들이 공부를 열심히 안 한 것 아닐까요? 글쎄요, 몇십 년 전에는 남학생이 주로 대학에 갔지만 2005년부터는 여학생의 대학 진학률이 더 높아졌어요. 또 뉴스를 보면 각종 시험에서 여자가 수석을 했다는 소식이 자주 들리고요. 그럼 높은 자리에 여자가 별로 없는 이유가 공부는 아니네요.

두 번째 추측, 여자들이 한 분야에서 일을 오랫동안 하지 않아서일까요? 일단 남자와 여자의 근속 연수를 살펴봅시다. 근속 연수는 한 직장에서 근무한 기간을 말해요. 2019년 기준으로 여성 근로자의 평균 근속 연수는 4.9년이고, 남성 근로자의 평균 근속연수는 7.4년이에요.

여자들은 한 직장에서 보통 4.9년 정도 일하고 남자들은 보통 7.4년 정도 일한다는 뜻이지요. 남자들이 평균적으로 2.5년 더 오래 일을 하는 거네요. 나아가 회사에서 10년 넘게 일한 사람들 비율을 살펴보면 여성은 15.1%, 남성은 26.5%로 10%가 넘게 차이가 나요. 아아, 드디어 의문이 풀렸네요! 높은 자리에 있는 여자가 적은 이유는 '여자들이 오래 일을 하지 않아서'예요.

그럼 왜 여자들은 남자들보다 직장에서 오래 일을 하지 않고 그만둘까요? 여러 이유가 있지만 가장 큰 이유는 **출산, 육아로 인한 경력 단절이에요.** 경력 단절은 경력이 끊긴다는 뜻이에요.

아기를 기르기 위해 회사를 쉬거나 그만두니까 경력이 끊어지는 것이지요. 엄마들이 아기를 어느 정도 키워 놓고 회사로 돌아가면 이미 다른 직원들은 경력과 실력을 많이 쌓아 둔 상태예요. 그러니 높은 자리로 승진하기 어렵지요. 다시 새로운 직장을 구하기도 어렵고요. 그러다 보니 꿈을 포기하게 되는 엄마들도 많대요.

사람이 인생을 살면서 하고 싶은 일을 하고 꿈을 이루는 것은 남녀

모두에게 간절하고 소중한 일이에요. 그래서 성별 때문에 꿈을 포기하는 일이 없도록 나라에서는 법과 제도를 통해 직업 세계에서의 양성평등을 이루려고 노력하고 있어요.

여러분도 "나는 여자니까 못해.", "나는 남자라서 안 돼." 같은 고정관념을 버리고 생활 속에서 양성평등을 실천하기로 약속해요. 그러면 모두가 꿈을 이루는 멋진 세상이 되는 데 큰 도움이 될 거예요.

자료 출처 : 통계청, 2019 통계로 보는 여성의 삶 / 한국고용정보원, 남녀고용평등법 실시 30주년, 여성노동시장의 변화와 개선과제

Q 실업자는 게으르고 무능한 사람인가요?

실업자를 게으르고 무능하다고 보기에는 억울한 점이 많답니다. **실업자는 경제활동이 가능한 나이의 사람들 중에서, 일을 하고 싶은 의욕이 있고, 일을 할 수 있는 능력도 있는데 안타깝게도 기회가 없어 일을 못 하고 있는 사람을 말해요.** 따라서 일을 할 생각이 전혀 없어서 직업이 없는 사람이나 적극적으로 일자리를 찾지 않는 사람은 실업자라고 부르지도 않아요.

일을 하고 싶고, 일할 능력도 있는데 일할 기회가 없다니 정말 안타

까운 일이에요. 도대체 실업은 왜 생겨날까요? 실업이 발생하는 원인은 크게 세 가지가 있어요.

첫째, **정보 부족** 때문이에요. 구직자가 일자리에 대한 정보를 얻지 못해서 일어나지요. 예를 들어 어떤 회사가 신입 사원을 구한다고 홈페이지에 홍보를 해도 그것을 구직자가 보지 못한다면 계속 실업 상태에 있을 수밖에 없어요.

둘째, **경기 침체** 때문이에요. 경제 상황이 좋지 않으면 회사들은 신입 사원을 뽑지 않고 원래 있던 직원 수도 줄여 버려요. 경제 상황이 다시 좋아지려면 시간이 많이 필요하니까 이런 실업은 첫 번째 실업보다 해결하기가 더 어려워요.

마지막으로 **사회 변화 때문에 일어나는 실업**이 있어요. 사회가 변하면서 기술이 발전하고, 사람들이 좋아하는 상품들도 변해요. 예전에는 길에서 음악을 듣기 위해 MP3 플레이어라는 작은 전자 기기를 사용했어요. 하지만 지금은 스마트폰만 있으면 음악을 들을 수 있지요. 따라서 MP3 플레이어를 만들던 회사들은 문을 닫거나 더 큰 회사로 합쳐졌고 그러면서 실업자가 생겼어요. 이런 실업은 경제 상황이 좋아도 일어난다는 게 큰 문제예요. 또 실업자들이 새로운 일자리를 얻으려면 새로운 기술을 다시 배워야 해서 해결에 오랜 시간이 걸리고요.

실업 문제 해결을 위해 정부와 기업에서는 일자리를 만들고, 실업자를 돕는 여러 가지 일을 하고 있어요. 실업자가 계속 늘어나면 돈을 버는 사람이 줄어들고, 결국 물건을 살 수 있는 사람이 줄어들어서 기업도 힘들어지고 나라 경제도 어려워지거든요. 무엇보다 우리 스스로 실업에 대비해 사회 변화에 관심을 가지고 새로운 것에 도전하고 배우려는 자세가 필요하답니다.

Q 장애인도 직업을 가질 수 있나요?

장애인이 직업을 가질 수 있냐고요? 그럼요! 장애인 의사, 장애인 과학자, 장애인 웹툰 작가도 있는걸요.

많은 사람들이 장애인 하면 휠체어를 타고 있는 모습만을 주로 떠올리는데요, 장애인의 모습과 개성, 능력은 비장애인만큼 다양해요. 그에 따라 장애인들의 직업도 매우 다양하답니다.

사실 몇백 년 전 조선 시대에도 장애인들은 이미 직업을 가지고 있었어요. 특히 점복가, 독경사, 악공은 장애인만 채용하는 장애인 전용 직업이었대요. 점복가는 점을 쳐 주고 대가를 받는 직업이고, 독경사는 기우제를 올릴 때나 병이 낫기를 소망할 때 경전을 읽어 주는 일을 했어요. 악공은 왕실 행사에서 악기를 연주하는 직업이었지요. 그리고 조선 시대에는 높은 벼슬을 한 장애인도 많았어요. 세종 때 좌의정까지 올랐던 허조는 어깨와 등이 구부러진 척추장애인이었고, 영조 때 도승지를 맡았던 이덕수는 청각장애인이었대요.

오늘날 비장애인들이 원하는 직업을 갖기 위해 어린 시절부터 꿈을 품고 노력하는 것처럼 장애인들도 똑같아요. 대학이나 특수학교를 졸업하고 직장을 얻지요.

우리나라에서는 장애인 고용 촉진법을 만들어 장애인들이 차별 없이 일할 수 있도록 돕고 있어요. 예를 들어 공무원의 일부, 규모가 큰 회사의 직원 일부는 반드시 장애인을 뽑아야 해요.

우리 주변에는 장애를 가졌지만 열심히 일하는 분들이 많아요. 시청의 공무원, 학교 선생님, 택시 기사, 카페의 바리스타 중에도 장애를 가진 분들이 많이 계시지요. 장애를 가지고 있어도 어떤 직업이든 가질 수 있고 꿈을 이룰 수 있답니다.

Q 나이가 많이 들어도 할 수 있는 직업이 있나요?

우리나라는 고령화 사회를 넘어서 이미 2017년에 고령 사회가 되었어요. 고령 사회란 전체 인구 중 65세 이상 인구의 비율이 14%가 넘는 사회를 말해요. 따라서 주변을 잘 둘러보면 일하고 있는 어르신들이 상당히 많아요. 우리나라의 55~64세의 어르신 중 70%, 65~79세의 어르신의 40% 정도가 여전히 일을 하고 계시대요.

심지어 퇴직이 없는 직업도 있어요. **배우, 가수, 작가, 화가 등 예술가**는 본인이 작품 활동을 계속할 의지만 있다면 평생 이어 가는 직업이에요. **국회의원, 대통령 같은 정치인**도 건강만 허락된다면 나이에 상관없이 선거에 출마해 활동할 수 있어요. **변호사, 의사, 약사, 세무사 같은 전문 직업**은 자기가 은퇴하고 싶을 때 은퇴하면 된답니다.

그러나 문제는 이렇게 오래 할 수 있는 직업을 가진 어르신이 매우 적다는 거예요. 어르신들의 대부분은 월급을 조금 주고, 오래 일할 수 없는 임시직에서 일하고 계세요.

동네에서 폐지를 모으는 할머니, 아파트 경비원 할아버지, 병원에서 환자를 돌보는 간병인 할머니, 학교 급식실을 정리해 주시는 할머니, 교통 봉사 할아버지 등을 많이 보았을 거예요. 물론 이분들 중에서는 사회에 봉사하고 싶어서 일을 하시는 분들도 있어요. 그러나 대부분 생활비를 벌기 위해 일을 하고 계시니 안정적이고 보수가 좋은 어르신 일자리가 많이 늘어나면 좋겠지요.

그래서 나라에서는 연령 차별 금지법을 만들어 고령자의 월급, 승진, 해고 등에 관한 차별을 금지하고 있어요. 또 노인 일자리 사업 같은 다양한 정책을 펴서 어르신들의 직업 활동을 돕고 있답니다. 그렇다면 언젠가 노인이 될 우리는 무엇을 해야 할까요? 여러분이 직업을 갖게 될 미래에는 한 사람이 평생 동안 3~4개의 직업을 갖게 될 거래요. 따라서 여러 분야에 관심을 갖고 늘 적극적으로 배우려는 자세가 필요해요. 거기에다 일하는 어르신들을 따뜻하게 바라보고 응원하는 마음도 함께 갖춘다면 더욱 살기 좋은 사회가 되겠지요.

통계 출처 : 통계청, 2020년 5월 경제활동인구조사 고령층 부가조사 결과

**Q 저는 진짜 잘하는 게 하나도 없어요.
재능이 없는 사람은 어떻게 하나요?**

도대체 재능이란 건 뭘까요? 또 얼마큼 잘해야 재능이라고 말할 수 있는 걸까요?

재능을 국어사전에서 찾으면 '어떤 일을 하는 데 필요한 재주와 능력으로, 개인이 타고난 능력과 훈련에 의하여 획득된 능력을 말한다.'라고 나와 있어요. 타고난 것만이 재능이 아니라 훈련을 통해 길러진 것

도 재능이라는 말이지요. 이 말은 타고난 재능이 없으면 '기르면' 된다는 뜻이에요.

실제로 재능이 뛰어나다는 영재, 천재들을 잘 살펴보면 엄청난 노력가들이에요. 전구를 발명한 천재 발명가 에디슨도 "천재는 1퍼센트의 영감과 99퍼센트의 땀이다."라는 말을 했지요.

피겨스케이팅 챔피언인 김연아 선수도 세계 신기록만 11회 갈아치운 타고난 천재였지만, 학창 시절 이틀에 한 번 스케이트화를 교체할 정도로 연습 벌레였다고 해요.

그러니 재능을 너무 대단한 것으로 생각하지 마세요. 결국 꾸준함이 최고의 재능이에요. 많은 천재, 영재들이 어린 시절 잠깐 반짝하다가 사라져 버린답니다. 꾸준히 노력하지 못해서요.

가장 쉽게 꾸준히 할 수 있는 일은 자신이 좋아하는 일이에요. 좋아하는 일은 누가 시키지 않아도 하고, 계속해도 질리지 않아요. 학급에서 그림 그리기를 좋아하는 친구를 떠올려 보세요. 그 친구는 틈날 때마다 연습장을 꺼내 그림을 그리잖아요. 자신을 잘 관찰해 보면 내가 정말 좋아하는 일이 무엇인지 발견하게 될 거예요. 그것을 꾸준히 하면 그게 바로 나의 재능이 되는 거지요.

제2장. 초등학생이 가장 희망하는 직업은 이거예요

"누나, 누나는 꿈이 뭐야? 커서 뭐 되고 싶어?"

"요즘은 수의사가 제일 되고 싶어. 근데 배우도 꼭 한번 해 보고 싶은 직업이야. 텔레비전에 내 얼굴이 나오면 얼마나 좋겠니! 아, 근데 유튜브에 내 얼굴이 나오는 것도 괜찮을 것 같아. 크리에이터가 돼서 나만의 방송을 하는 거지. 아, 전부 해 보고 싶다."

누나는 랩을 하듯 단숨에 세 가지 직업을 쏟아 냈다. 나는 되고 싶은 게 없는데 너무 많아서 고민이라니. 누나는 좋겠다. 꿈이 있어서.

"누나, 근데 수의사 못 할걸. 누나는 강아지만 좋아하잖아."

괜히 심통이 나서 누나 말에 딴지를 걸었다.

"진짜? 잡니야, 강아지만 좋아하는 사람은 수의사 못 하는 거야?"

"글쎄요."

잡니가 낮은 목소리로 느릿느릿 대답했다.

"누나 크리에이터 못 할걸. 누나 영상 편집할 줄 모르잖아."

"진짜? 잡니야, 영상 편집 못하면 크리에이터 못해?"

다급한 누나와 달리 잡니는 평소처럼 차분하다.

"글쎄요."

누나를 놀리는 게 재미있어 마지막 쐐기를 박았다.

"누난 배우도 못 할 거야. 솔직히 누나가 미인은 아니잖아. 메롱!"

누나 얼굴이 붉으락푸르락해졌다. 이제 그만해야겠다. 곧 엄청난 화와 함께 잔소리 샤워가 시작되겠지.

"이게 진짜! 너 일부러 나 화나게 하려고 그러지? 잡니, 너는 왜 자꾸 '글쎄요'만 반복하는데? 너도 나 놀리니?"

"주인님을 놀리다니요. 간단히 대답할 질문이 아니라서 그랬어요. 직업에 대한 궁금증을 해결해 드릴게요. 우리 아기 이불을 타고 직업 구경을 떠나요."

제2장. 초등학생이 가장 희망하는 직업은 이거예요 49

초등학생이 가장 희망하는 직업
(출처: 교육부·한국직업능력개발원, 2019 초·중등 진로교육 현황 조사 결과)

1	운동선수	11	만화가(웹툰 작가)
2	교사	12	제과·제빵사
3	크리에이터	13	과학자
4	의사	14	컴퓨터 공학자 / 소프트웨어 개발자
5	조리사(요리사)		
6	프로게이머	15	수의사
7	경찰관	16	작가
8	법률 전문가	17	배우 / 모델
9	가수	18	연주가 / 작곡가
10	뷰티 디자이너	19	군인
		20	생명·자연 과학자 및 연구원

1위 운동선수

Q 운동선수는 부상을 입으면 어떻게 돈을 버나요?
운동선수는 은퇴하면 무엇을 하나요?

최근 초등학생 장래 희망 조사에서 1등을 한 직업은 운동선수예요. 운동선수는 최근 10년 동안 꾸준히 상위권을 차지한 부동의 인기 직업이랍니다. 운동은 재미있고, 운동선수들이 활약하는 모습은 정말 멋있으니까요.

그런데 운동선수가 부상을 당하면 어떻게 되는 걸까요? 경기를 못 뛰니까 월급을 못 받는 걸까요? **다행히 부상당한 선수도 월급을 받는답니다.** 프로 운동선수들은 팀이나 회사와 계약을 해서 선수 생활을 합니다. 선수들은 팀과 계약할 때 계약금을 받고, 연봉을 정하지요. 연봉은 선수가 일 년 동안 받는 돈인데 보통 달로 나누어 월급처럼 받아요. 따라서 프로 운동선수들은 계약금과 연봉으로 생활을 하게 돼요.

프로 운동선수가 경기 중 부상을 당하면 일을 하다 다친 것이기 때문에 팀에서 치료비를 내주고, 월급도 똑같이 줍니다. 그러나 연봉은 해마다 다시 정하니까 부상 때문에 그해에 활약을 별로 못 하면 다음 해

연봉이 깎일 수도 있겠지요.

운동선수들은 언제 은퇴를 할까요? 축구나 배구는 30대 중반이면 보통 은퇴를 하고, 야구와 농구는 40세 가까운 나이까지 활동하는 선수들이 꽤 있어요. 골프, 승마, 사격 같은 종목은 체력과 실력만 유지된다면 60대까지도 선수로 활동할 수 있고요. 하지만 리듬체조, 피겨스케이팅, 쇼트트랙 등은 종목 특성상 선수로 활동할 수 있는 기간이 매우 짧아서 대부분 20대 중반에 은퇴를 한대요. 놀랍게도 모든 종목 선수들의 평균 은퇴 나이를 계산해 보면 23세밖에 안돼요. 큰 부상을 당하거나 계약에 실패하면 어쩔 수 없이 선수 생활을 접어야 하는 경우도 있기 때문이죠. 참고로 일반인들의 평균 은퇴 나이가 50세 정도이니 운동선수들의 은퇴 나이는 매우 빠른 편에 속해요.

20대, 30대 젊은 나이에 은퇴한 운동선수들은 어떤 일을 할까요? 삼분의 일 정도는 특기를 살려 스포츠와 관련된 일을 한대요. 감독, 코치, 체육 관련 교수, 스포츠 강사 등으로 일하는 것이지요. 또 축구 협회, 야구 협회 같은 스포츠 협회에서 일하거나 방송국에서 경기 해설위원을 맡기도 하고, 프로 팀의 운영진으로 일하기도 해요.

나머지 은퇴 선수들은 보통 사람들처럼 다양한 직업에서 제2의 인생을 시작합니다. 강호동, 서장훈 선수처럼 방송인이 되어 텔레비전에서 만날 수 있는 선수들도 있고 우수한 신체 능력을 살려 군인이나 경찰이 된 선수도 있어요. 수영의 최윤희 선수처럼 체육 전문가의 자질을 살려 문화체육부 차관까지 오른 경우도 있답니다.

2위 고사

Q 초등학교 선생님과 중학교, 고등학교 선생님은 뭐가 달라요?

여러분이 보기에 초등학교 선생님과 중·고등학교 선생님은 뭐가 다른가요? 일단 일하는 장소와 가르치는 대상이 다르군요. 또 초등학교 선생님은 전 과목을 가르치는데 중·고등학교 선생님은 특정 과목만 가르치지요.

정식 교사가 되려면 초등학교 선생님이든, 중·고등학교 선생님이든 교원자격증이 있어야 해요. 운전을 하려면 운전 면허증이 필요한 것처럼요. 그런데 **초등학교 선생님과 중·고등학교 선생님이 가지고 있는 교원자격증이 달라요.** 초등학교 선생님은 초등교원 자격증, 중·고등학교 선생님은 중등교원(중학교, 고등학교를 중등 교육 기관이라고 해요. 중등 교육 기관에서 일하는 교사를 말해요.) 자격증을 가지고 있지요.

그래서 초등학교 선생님은 중학교나 고등학교에서 수업을 할 수 없고, 중·고등학교 선생님은 초등학교에서 수업을 할 수 없는 거랍니다.

그렇다면 이 교원자격증은 어떻게 하면 받을 수 있을까요? 초등학교 교원자격증은 교육대학교를 졸업하면 받을 수 있어요. 한편 중등교원 자격증을 받는 방법은 조금 다양한데 가장 보통의 방법만 이야기해 볼게요. 중등교원 자격증은 과목마다 자격증이 따로 있어요. 예를 들어, 수학 선생님이 되고 싶다면 대학의 수학 교육과를 졸업해서 중등 수학 교원자격증을 받아야 해요. 영어 선생님이 되고 싶다면 영어 교육과를 졸업해서 영어 과목 자격증을 받아야 하고요. 그래서 자격증을 갖춘 선생님만 그 과목을 가르칠 수 있답니다.

왜 초등학교 선생님은 전 과목을 다 가르칠 수 있는데, 중학교 선생님은 자격증이 있는 과목만 가르칠 수 있을까요? 그건 학생들에게 나이와 수준에 맞는 교육을 제공해 주기 위해서입니다.

초등학교 시절은 여덟 살에 시작돼요.

막 유치원을 졸업했고, 한글도 서툰 아주 어린 나이이지요. 이 나이 때에는 나를 아끼고 사랑하는 법, 여러 사람과 어울려 사는 법부터 배워야 해요. 그리고 살아가는 데 필요한 기초 지식을 교과 시간에 배우지요. 그래서 담임 선생님이 학교에 있는 시간 내내 함께 하면서 모든 교과를 골고루 배우고 몸과 마음이 함께 자랄 수 있게 한답니다. 하지만 중학교 때부터는 초등학교 시절 배웠던 기초 지식을 바탕으로 훨씬 수준 높은 지식을 배워야 해요. 따라서 전문적인 지식을 가르칠 수 있는 선생님이 각 과목마다 필요한 것이지요.

3위 크리에이터

Q 크리에이터가 되기 위해 가장 필요한 능력은 무엇인가요?

유튜브, 아프리카TV, 트위치 등에서 개인 방송을 하는 사람들을 크리에이터라고 부릅니다. 직업으로서 크리에이터의 역사는 아주 짧은 편으로 이제 겨우 10년 정도 되었어요. 그런데 벌써 초등학생이 꿈꾸는 직업 3위에 올랐다니 개인 방송의 인기가 정말 대단하죠?

크리에이터가 되려면 어떤 능력이 가장 필요할까요? 많은 친구들이 게임 방송을 한다면 게임 실력을, 뷰티 방송을 한다면 화장 실력을 생각할 테지만 그렇지 않아요. 게임을 잘하면 크리에이터보다 프로게이머가 되는 게 낫고, 화장 실력이 좋으면 메이크업 아티스트가 되는 게 더 낫죠. 전문가들은 **기획·소재 발굴 능력, 촬영·편집 능력, 소통 능력** 등이 필요하다고 이야기해요.

기획·소재 발굴 능력은 영상의 주제와 내용을 정하는 능력이에요. **크리에이터(creator)** 라는 말의 뜻이 '**창작하는 사람**'이니 창작할 영상 주제가 잘 떠올라야 합니다. 초보 크리에이터들이 가장 많이 겪는 어려움이 몇 개월 방송을 하고 나면 방송할 거리가 없다는 거예요. 텔레비전 프로그램은 다양한 사람들이 참여해 방송을 만드니까 여러 사람으로부터 아이디어를 얻을 수 있지만 개인 방송은 혼자서 모든 걸 해결해야 하거든요. 그래서 많은 크리에이터들이 아이디어를 얻기 위해 독서를 한대요. 의외지요? 크리에이터들은 유튜브만 볼 것 같았는데 말이죠.

촬영·편집 능력은 개인 방송뿐만 아니라 모든 방송에서 아주 중요한 능력이에요. 편집은 영상을 자르고 붙이고, 자막을 넣고, 음악을 넣고, 그래픽 효과를 넣어서 영상을 재미있게 만드는 작업이에요. 특히 크리에이터는 구독자가 영상을 자주, 오래 보는 만큼 수익을 얻을 수 있기 때문에 편집에 신경을 많이 써야 해요. 그래서 크리에이터 중에는

전문 편집자와 함께 일하는 사람도 많아요.

크리에이터에게는 **소통 능력**이 중요해요. 텔레비전 방송의 제작자나 출연자는 내 댓글에 일일이 답을 해 주지 않지만 크리에이터는 댓글을 하나하나 읽어 주고 답글도 자주 달아 주지요. 이러한 활발한 소통은 지나가던 시청자를 결국 팬으로 만들어요. 팬이 된 시청자는 영상을 꾸준히 시청해서 크리에이터의 명성과 수익을 높여 주고요. 또 시청자들이 댓글로 새로 만들 영상의 아이디어를 제공해 주기도 해요. 재밌는 댓글은 영상만큼 보는 재미가 있기도 하고요. 따라서 재미있고 참신한 영상을 만들려면 시청자와의 소통을 잘할 수 있어야 해요.

기획·소재 발굴 능력, 촬영·편집 능력, 소통 능력 말고도 아직 한 가지 비장의 능력이 더 남아 있어요. 바로 **성실함**입니다. 시청자 수가 많든 적든 영상을 성실히 계속 올려야만 크리에이터로 살아남을 수 있어요. 구독자 100만 명이 넘는 인기 크리에이터들도 처음에는 두세 명의 시청자로 시작했다고 해요. 적은 시청자 수에도 신경 쓰지 않고 꾸준히 방송을 해서 조금씩 인기를 쌓아 간 것이지요. 반대로 인기 크리에이터가 새 영상을 제때 올리지 않거나 영상 업로드를 오래 쉬어 명성을 잃은 경우도 많답니다.

참고 자료 : 한국노동연구원, 미래의 직업 프리랜서(Ⅰ), 1인 미디어 콘텐츠 크리에이터

4위 의사

Q 의사 선생님들은 안과, 이비인후과, 내과 이런 걸 어떻게 정하나요?

눈이 아프면 어디로 가죠? 안과로 가면 되죠. 다리가 아프면요? 정형외과에 가야죠. 감기에 걸리면? 이비인후과나 내과에 가야 합니다. 그런데 눈이 아플 때 이비인후과를 가면 안 되는 걸까요? 의사 선생님들은 자기 과 말고는 진료를 할 수 없을까요?

이 질문을 해결하려면 의사가 되는 과정을 살펴보아야 해요. 의사가 되려면 의과대학에 입학해야 합니다. 의과대학에 입학하면 예과 2년, 본과 4년 총 6년간 공부를 하게 돼요. 의대 공부를 마치면 의사 국가시험을 볼 수 있어요. 이 시험을 합격하면 의사 면허를 받고 마침내 의사가 됩니다. 사실 이 의사 면허만 있으면 눈이든 코든 다리든 진료할 수 있어요. 안과 의사가 아닌데 눈을 진료해도 법적으로 아무 문제가 없답니다. 그런데도 안과, 이비인후과, 내과, 피부과 등 이렇게 과를 나눠 놓은 이유는 사람의 몸이 아주 복잡하고 정교한 데다가 질병의 종류도 매우 많기 때문이에요. 따라서 분야를 나누어 전문적인 치료를 하려고 과를 나누어 놓았어요.

의사 면허를 딴 의사를 일반의라고 부릅니다. 여기에 특정 분야를 골라 공부를 더 하면 전문의가 될 수 있어요. 우리가 흔히 부르는 안과 의사, 피부과 의사가 바로 안과 전문의, 피부과 전문의예요. 막 의사 면허를 딴 초보 의사들은 일반의에서 멈추지 않고 대부분 전문의가 되는 길을 선택해요. 왜냐하면 의과대학에서 배웠던 경험만으로는 환자를 진료하기가 쉽지 않거든요.

의사의 실력은 경험에 비례한다고 해요. 감기 환자 10명을 진료해 본 의사보다 100명을 진료해 본 의사가 감기를 더 잘 치료할 수 있겠지요. 그래서 **경험과 실력을 쌓기 위해 대학병원이나 큰 종합병원에 가서 인턴을 시작합니다.** 인턴은 1년 과정인데 내과, 외과, 소아청소년과, 안과, 피부과, 이비인후과, 산부인과 등 모든 과를 돌아가며 경험해 보고 내가 전공할 과를 정하는 기간이에요.

인턴을 마치면 전공과를 정해 전공의가 됩니다. 보통 레지던트라고 부르는데 이때부터는 드디어 자기 과가 생긴 것이랍니다. 레지던트는 3년 동안 대학병원이나 큰 종합병원에서 환자들을 진료하며 공부를 합니다. 레지던트 과정을 마치면 전문의 시험을 볼 수 있어요. 전문의 시험에 통과하면 드디어 전문의가 됩니다.

우리가 동네 의원에서 만나는 이비인후과 의사 선생님, 소아과 의사 선생님은 이렇게 탄생하는 거지요.

 → 의사국가시험 →  → →

의과대학: 예과 2년, 본과 4년
일반의: 이때부터 의사. 진료 가능
인턴(수련의): 1년
레지던트(전공의): 3~4년. 이때부터 전공 과가 있음

 전문의 시험

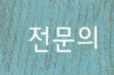

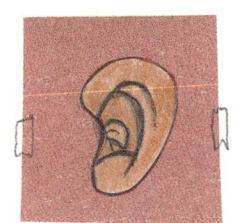

5위 조리사(요리사)

Q 요리사들은 왜 고집이 세고 화를 잘 내나요?

모든 요리사가 고집이 세고 화를 잘 내는 건 아니겠지요. 이런 이미지가 생긴 이유는 영화나 드라마에서 나오는 요리사들이 엄격하고 철저한 모습으로 자주 등장해서인 것 같아요.

평소에 다정한 요리사들도 주방에서 엄격해지는 이유는 주방 환경에서 찾을 수 있어요.

레스토랑의 주방은 음식을 먹는 테이블처럼 차분하고 우아하지 않아요. 초대형 가스레인지 위에 기름이 절절 끓는 프라이팬이 있고, 200도가 넘는 오븐, 잘 드는 칼과 깨지기 쉬운 그릇까지 조심해야 할 게 한두 가지가 아니거든요. 또 바닥은 늘 기름과 물로 미끄럽고 음식을 만들고 설거지 하는 소리로 매우 시끄러워요. 더군다나 손님들은 식사 시간에 몰려서 오기 때문에 주문은 계속 쌓이고 되도록 빠른 시간 안에 음식을 만들어야 하지요.

이런 상황에서 누군가 실수를 하면 음식을 망치는 것은 물론이고 운이 나쁘면 대형 안전사고가 일어날 수 있어요. 그러다 보니 당연히 요리사들은 주방에서 엄격해질 수밖에 없답니다.

요리사가 고집이 센 이유는 음식을 만드는 직업이기 때문이에요. 음식을 만드는 환경은 첫째도 위생, 둘째도 위생입니다. 주방에는 음식물과 물기가 항상 있기 때문에 세균, 곰팡이, 쥐, 바퀴벌레 등이 생기기 쉬워요. 그때그때 청소하지 않으면 금세 벌레가 꼬이고 최악의 경우 손님들이 음식을 먹고 식중독에 걸릴 수도 있어요. 따라서 요리사들은 고집스럽게 위생 수칙을 지킨답니다.

요리사들이 고집스럽게 지키는 게 하나 더 있는데요, 바로 요리법이에요. 보통 레시피라고 하지요. 요리사들은 레시피를 어기는 것을 좋아하지 않아요. 왜냐면 음식은 재료의 미세한 양이나 불의 세기, 조리 온도에 따라서 맛이 크게 달라질 수 있기 때문이에요. 나름대로 음식을 더 맛있게 만들어 보려는 시도겠지만 단골들은 늘 먹던 맛을 기대하고 식당에 찾아오거든요. 음식 맛이 변했다는 생각이 들면 손님들은 더 이상 가게를 찾아오지 않게 돼요. 그래서 늘 똑같은 맛을 유지하는 것은 매우 중요한 일이에요.

요리사가 고집스럽고 화를 잘 낸다는 것은 편견이지만 이런 편견이 생길 만큼 요리사들이 자부심과 전문성을 가지고 요리를 한다는 증거가 아닐까요.

6위 프로게이머

Q 왜 프로게이머는 젊은 사람밖에 없어요?

프로게이머는 '리그 오브 레전드'나 '오버워치' 같은 비디오 게임을 하는 것을 '직업'으로 하는 사람입니다. 취미로 게임을 하는 사람, 게임 회사에서 일하는 사람, 게임 방송 크리에이터는 프로게이머가 아니에요.

프로게이머의 원조는 1990년대 말 PC방 게임 대회와 게임 회사가 주최한 게임 대회에 참가해 상금을 벌던 사람들이에요. 이후 PC 게임의 인기와 게임 산업의 발달로 많은 대회와 프로 게임 팀이 생겼고 지금처럼 많은 어린이들이 꿈꾸는 인기 직업이 되었지요. 2018년 자카르타-팔렘방 아시안 게임에서는 e스포츠가 시범 종목으로 채택되었고, 2022년 항저우 아시안 게임에서는 정식 종목으로 포함될 예정이래요.

그런데 프로게이머들을 잘 살펴보면 나이 든 사람들이 없어요. 심지어 30대 선수조차도 찾아보기 힘들어요. 왜 그럴까요?

프로게이머들에게 필요한 자질로는 승부욕, 판단력, 순발력, 인내심, 체력 등을 꼽을 수 있어요. 이 모든 능력이 다 중요하지만 그중 빠른 반응속도(순발력)는 게임에서 반드시 이겨야 하는 프로게이머들에게 필수적인 능력이에요. 그런데 프로게이머들을 대상으로 연구를 해 보니 **나이가 들수록 반응속도가 느려진대요.** 또 프로게이머의 대부분이 합숙 생활을 하고, 하루 중 8시간 이상 게임 연습을 해요. 대회 직전에는 밤샘 연습도 많이 하고요. 그래서 체력이 많이 필요한데 나이가 들수록 체력이 부족해 이런 연습을 버텨 내기가 어렵대요.

특히 게임은 축구, 야구, 농구 같은 스포츠와 다르게 인기가 오래가지 않아요. 프로게이머의 시대를 열어 준 게임인 '스타크래프트'는 현재 한국e스포츠협회 공인 종목도 아니고, 상금을 주는 큰 대회도 거의 사라졌어요. 게임은 계속 업그레이드되어 새로운 버전이 나오고, 새 게임도 계속 개발되니까 어쩔 수 없는 현상이지요. 이러다 보니 **대회가 없어지거나 게임이 사라지면 프로게이머들은 자신들의 의지와 상관없이 은퇴를 할 수밖에 없대요.**

그래서 프로게이머들은 은퇴 이후 공부를 다시 하거나 전부터 관심 있던 분야의 일을 찾아서 제2의 인생을 다시 시작해요.

7위 경찰관

Q 경찰과 형사는 다른 건가요?

경찰 하면, 범인을 잡기 위해 잠복을 하고 추격전을 펼치는 '형사'를 많이 떠올릴 거예요. 영화나 드라마에서 나오는 경찰은 주로 이런 모습이니까요. 그러나 '모든 경찰'이 '형사'는 아니랍니다.

경찰이 하는 일은 범죄자를 잡는 일 말고도 다양해요. 경찰은 교통정리, 범죄 예방 활동, 실종 아동 찾기, 청소년 선도, 범죄 수사, 분실물 관리, 집회와 시위 관리, 재난 관리 등 국민의 생명과 재산을 보호하는 데 관련된 거의 모든 일을 담당하고 있어요. **형사는 그 많은 경찰 업무 중 범죄 수사를 담당하는 경찰관을 부르는 말이에요.** 그래서 경찰 수사관이라고도 부르고, 경찰 제복을 입지 않고 활동하기 때문에 사복 경찰관이라고도 부릅니다.

경찰이 되면 누구나 형사가 되어서 수사를 할 수 있는 게 아니고, 수사에 관한 시험을 보고 합격한 후에 전문적인 교육을 더 받아야만 형사가 될 수 있어요.

범인을 잡는 과정을 살펴보면 형사가 하는 일을 잘 이해할 수 있어요. 여러분이 자동차 뺑소니 사고를 목격했다면 112에 신고를 할 거예요. 그러면 가장 가까운 파출소의 경찰관들이 먼저 오고 뒤이어 과학 수사대와 형사가 도착해요. 사건 현장을 조사하고 CCTV와 블랙박스 등 증거를 확보하면 형사들은 뺑소니범을 추적하기 시작합니다. 제보도 받고, 곳곳을 돌아다니며 탐문 수사, 잠복 수사 등을 해서 범인을 어렵게 찾아내면 경찰서로 데리고 가서 조사를 하지요. 범인을 조사한 내용을 검찰에게 넘기면 형사의 할 일은 끝납니다.

경찰은 범인을 잡고 조사하는 일까지만 맡고 범인에게 벌을 주는 일은 검사와 판사가 담당하거든요.

이 모든 과정이 휙휙 진행되는 것 같지만 실제로 범인을 잡는 일은 매우 어렵고 시간도 오래 걸리는 경우가 많아요. 사건은 밤에도 낮에도 휴일에도 끊임없이 발생하고, 범인은 잡히지 않으려고 도망 다니니까요. 따라서 범인을 쫓는 형사들은 차에서 대부분의 시간을 보내거나 끼니를 제대로 챙겨 먹지 못하는 일이 다반사예요.

경찰은 범인을 잡아서 피해자들의 억울함을 풀어 주고 세상을 안전하고 정의롭게 만들지요. 현실 세상의 슈퍼 히어로는 경찰관이 아닐까 생각해 봅니다.

8위 법률 전문가

Q 법률 전문가인 판사, 검사, 변호사는 뭐가 다른가요?

판사, 검사, 변호사 등을 법률 전문가라고 해요. 이 세 직업을 가진 사람들은 재판이 이루어지는 장소인 법정에서 만납니다.

재판은 검사의 기소가 있으면 열리게 되는데요, 기소는 검사가 사건을 조사해서 어떤 법을 위반했는지 찾아내고 법원에 심판을 요구하는 일을 말해요.

검사는 피고인의 범죄 사실을 밝히고 벌을 주라고 판사에게 요청합니다. 벌금 500만 원, 징역 6개월 이런 식으로요. 변호사는 피고인을 대신해서 변호를 해요. 피고인이 억울하게 누명을 썼다면 검사가 말한 범죄 사실을 반박하고 피고인의 결백을 밝히지요. 그게 아니라면 피고인의 입장을 잘 이야기해서 저지른 잘못보다 더 큰 벌을 받는 일을 막고, 조금이라도 벌을 줄일 수 있도록 노력해요. 판사는 양쪽의 주장을 들어 보고 법률과 판례(법원에서 이전의 비슷한 사건에 대해 내린 재판의 결과) 등을 종합적으로 살핀 뒤 최종 판결을 내립니다.

하지만 검사, 변호사, 판사가 함께 만나는 것은 재판이 있는 날뿐이에요. 판사는 법원에서, 검사는 검찰청에서 일하고, 변호사는 변호사 사무소나 변호사들이 모인 회사인 로펌에서 일을 합니다. 이들은 보통 때 어떤 일을 할까요?

검사는 국가와 공익을 대표하는 사람입니다. 범죄가 일어나면 검사가 국가를 대표해서 범죄를 수사하고 재판에 넘깁니다. 세상을 정의롭게 만드는 일을 하는 거지요.

변호사는 사무실이 있지만 동에 번쩍 서에 빈쩍 합니다. 변호사에게 변호를 부탁한 사람을 의뢰인이라고 하는데요, 변호사는 의뢰인이 경찰서나 검찰청에 조사를 받으러 갈 때 함께 가고요, 의뢰인의 결백을

밝히기 위해 증거를 수집하러 다니거나 증인을 찾으러 가기도 해요.

판사는 재판을 진행하고 판결을 내리는 사람이에요. 따라서 재판이 없을 때는 검사와 변호사가 제출한 서류와 증거, 증인을 검토합니다. 또 재판의 절차와 날짜도 결정하지요. 판사는 증인과 증거 선택, 최종 판결 등 늘 중요한 결정을 내려야만 하는 직업이에요. 따라서 그 누구보다도 신중해야 하고 공익을 위하는 마음을 가지고 있어야 합니다.

범죄자를 기소하는 검사, 의뢰인을 도와주는 변호사, 최종 판결을 내리는 판사. 이 세 직업은 정의롭고 평화로운 세상을 위해 반드시 필요한 직업이자, 피해자와 범죄자의 운명을 결정지을 수 있는 무거운 책임감이 필요한 직업이에요.

9위 가수

Q 가수에게 소속사는 왜 필요한가요?

가수는 무대에서 노래를 하는 직업인데 왜 소속사가 필요한 걸까요? 아이돌 가수, 트로트 가수, 힙합 가수 등 장르에 상관없이 대부분의 가수들은 소속사와 계약을 맺고 음악 활동을 합니다. 가끔 소속사 없이 독립적으로 활동하는 가수도 있긴 하지만 드물어요. 그 이유는 **가수가 멋진 무대를 보여 주려면 많은 사람들의 도움이 필요하기 때문이에요.**

가수가 무대에 올라 사람들에게 노래를 들려주려면 준비해야 할 것이 많습니다. 우선 노래가 있어야죠. 가수 스스로 작사·작곡이 가능하다면 직접 노래를 만들면 되지만, 그게 아니라면 작곡가와 작사가를 찾아 곡을 만들어 달라고 부탁해야 합니다.

곡이 완성되면 반주를 연주해 줄 연주자와 녹음 기사 등을 섭외해 곡을 녹음해요. 그다음에는 사진사와 디자이너를 고용해 음반 패키지를 만들지요. 이렇게 음반이 완성되면 전국 서점과 음반 가게에 유통시키

고 음원 사이트에도 풀어서 곡을 공개합니다. 아 참, 안무가 있는 곡이라면 안무가를 섭외해 안무를 배우고 댄스 팀과 연습도 해야겠네요.

드디어 노래를 부르러 다닐 일만 남았습니다. 방송, 콘서트, 행사 공연 등 스케줄을 잡아 열심히 노래를 부릅니다. 멋진 공연을 보여 주려면 어울리는 무대의상과 화장은 필수입니다. 공연이 먼 곳에서 열린다면 긴 시간 운전도 해야겠네요. 그렇다면 음반 제작과 유통, 안무, 스케줄 관리, 의상 관리, 화장, 머리 손질, 운전까지 이 모든 일을 가수 혼자서 할 수 있을까요? 혼자서는 도저히 어려운 일이에요. 그래서 가수는 이 모든 과정을 함께할 소속사와 계약을 해서 각 분야 전문가의 도움을 받게 되는 것이지요.

10위 뷰티 디자이너

Q 뷰티 디자이너들은 왜 손님에게 자꾸 말을 거나요?

뷰티 디자이너로 성공하기 위해 가장 중요한 능력은 당연히 미용 기술입니다. 실력이 뛰어난 뷰티 디자이너는 늘 손님이 끊이지 않고, 방송에 출연하기도 하지요. 요즈음은 뷰티 유튜버의 등장과 우리나라 미용 산업의 발달에 힘입어 많은 친구들이 헤어디자이너, 메이크업 아티스트, 네일 아티스트 등 뷰티 디자이너를 꿈꾸고 있습니다. 뷰티 디자이너가 되기 위해 미용 기술 말고 또 어떤 능력이 필요할까요?

손님에게 어울리는 스타일을 찾아내는 미적 감각이나 새로운 스타일을 만들어 내는 창의력 등이 떠오르지만 그보다 중요한 것은 **의사소통 능력**, 바로 손님과 대화를 나누는 기술이에요. 다들 한 번쯤은 미용실에서 머리를 손질하고 마음에 들지 않아 기분이 상한 적이 있을 거예요. 이런 일이 없으려면 손님과 대화를 잘 나누어야 해요. 어느 정도 자르고 싶은지, 파마의 굵기는 어땠으면 좋겠는지, 염색하고 싶은 색이 정확히 어떤 색인지 등 구체적으로 이야기를 나누어서 손님이 가장 만족할 스타일을 결정해야 하지요.

뷰티 디자이너들이 말을 많이 거는 이유가 하나 더 있습니다. 사람들이 미용실, 메이크업샵, 네일샵을 찾을 때는 스타일을 바꾸어서 기분 전환을 하고 싶거나 결혼식이나 돌잔치, 발표회 등 특별한 일이 있어서 멋져 보이고 싶을 때거든요. 친절한 사람과 대화를 나누는 일은 기분 전환에 도움이 되지요. 그리고 결혼식이나 발표회 등을 앞둔 손님은 매우 긴장한 채로 가게에 오게 되는데 뷰티 디자이너에게 손질을 받으며 나누는 대화가 긴장을 많이 풀어 준대요.

그래서 단골 식당은 없어도 단골 미용실은 가지고 있는 사람들이 많아요. 여러분이나 여러분 부모님도 늘 가는 미용실을 가지 않나요? 내가 원하는 스타일, 나에게 잘 어울리는 스타일을 가장 잘 알고 있으니까요. 그래서 뷰티 디자이너들은 단골을 만들기 위해 뛰어난 미용 기술과 더불어 섬세한 의사소통 능력을 기르려고 노력한답니다.

11위 만화가(웹툰 작가)

Q 웹툰은 무료로 볼 수 있는데, 웹툰 작가는 돈을 어떻게 벌어요?

무료 웹툰이 많긴 하지만 유료 웹툰도 적지 않아요. 연재 중인 웹툰은 가장 최신의 이야기 3~4회 정도를 유료 서비스로 제공해서 다음 이야기가 궁금한 사람들이 돈을 내고 보도록 합니다. 그리고 연재가 많이 진행이 되어서 분량이 쌓이면 그것을 다시 책으로 출판하기도 해요.

책이 팔린 수익금의 일부가 웹툰 작가한테 가지요.

또 웹툰의 인기가 높아지면 웹툰을 이용한 다양한 상품이 만들어지는데, 웹툰 작가는 원작자로서 저작권료를 받게 돼요. 웹툰 캐릭터를 이용해 만든 학용품, 휴대폰 케이스, 인형 같은 상품과 이모티콘이 대표적인 예입니다.

특히 웹툰을 원작으로 한 드라마나 영화가 제작되어 흥행하면 웹툰 작가에게 큰 수익뿐만 아니라 작가로서 자부심과 보람을 가져다주지요. 이미 〈신과 함께〉, 〈미생〉, 〈마음의 소리〉, 〈강철비〉, 〈이태원 클라쓰〉 등 아주 많은 웹툰이 드라마나 영화로 만들어졌답니다.

여러분은 주로 다음, 네이버 같은 포털 사이트에서 웹툰을 볼 텐데요, 포털 사이트에서만 웹툰을 볼 수 있는 건 아니에요. 웹툰의 인기가 높아지면서 웹툰을 전문으로 연재하는 유료 사이트들이 많이 생겼어요. 그리고 웹툰 시장이 커지고 좋은 작품이 많이 등장하면서 우리나라 웹툰을 외국에 수출도 하고 있어요. 외국에 팔린 웹툰의 해외 저작권료도 웹툰 작가의 수입이 되지요. 중국, 동남아뿐만 아니라 전통적인 만화 강국인 미국과 일본에서도 우리 웹툰의 인기가 대단하다고 해요. **웹툰이 영화, 드라마, K-POP, 게임에 이어 한류를 이끌어 가면서 웹툰 작가의 직업 전망도 더욱 밝아지고 있어요.**

12위 과학자

Q 과학자는 어디에서 무슨 일을 일하나요?

과학자 하면 어떤 이미지가 떠오르나요? 흰 가운을 입고 안경을 쓴 얼굴로 실험실에서 폭발을 일으키거나 독특한 기계를 만들어 내는 모습 등이 떠오를 텐데요. 우리가 주로 과학자를 영화나 만화에서 보았기 때문에 이런 고정된 이미지가 생긴 것 같아요.

영화나 만화를 보면 주로 과학자는 두 부류잖아요. 주인공을 도와 새로운 무기를 만들어 주는 착한 과학자와 악당 편에 서서 지구를 위협하는 괴물을 만드는 나쁜 과학자. 그렇다면 '진짜' 과학자는 어디에서 어떤 일을 하고 있을까요?

현실의 **과학자는 대학교, 정부기관의 연구소, 기업의 연구소 등에서 만날 수 있어요.** 이분들에게 직업이 무엇이냐고 물어보면 "과학자입니다." 보다는 "△△ 대학교 교수입니다." 또는 "ㅁㅁ 연구소에서 연구원으로 일하고 있습니다."라는 대답을 더 많이 들을 수 있답니다.

교수님 과학자들은 대학의 과학 관련 학과에서 대학생들과 대학원생들을 가르칩니다. 미래의 과학자를 길러 내는 일을 하지요. 학생들을 가르치는 틈틈이 과학 연구를 해서 그 결과물을 책으로 쓰고, 과학 잡지 등에 발표도 해요. 또 과학 전문가로서 정부나 기업에 과학 지식이 필요한 문제가 생겼을 때 도움을 주기도 한답니다.

정부 기관의 연구소 과학자들은 한국원자력연구원, 한국항공우주연구원, 한국과학기술연구원, 한국에너지기술연구원 같은 곳에서 일하는 분들이에요.

이런 기관들은 과학기술정보통신부나 지식경제부 밑에 있는 공공 기관이기 때문에 여기서 일하는 연구원들은 공무원 과학자라고 볼 수 있어요. 이분들은 우리나라의 발전과 공익을 위한 연구를 해요. 예를 들어 환경오염이나 자원 고갈을 해결할 방법, 우주 개발과 인공위성 발사, 미래의 친환경 에너지, 감염병의 예방과 치료 등을 연구하죠. 그 결과를 이용해 정부는 정책을 세우고 미래를 대비할 수 있어요.

기업 연구소의 과학자들은 회사원 과학자라고 말할 수 있어요. 우리나라의 큰 기업들은 대부분 기업 연구소를 가지고 있거든요. 신제품을 개발하고, 기존 제품의 문제점을 개선하려면 실험과 연구가 필수니까요. 휴대전화와 자동차부터 화장품, 의약품은 물론이고 우리에게 친숙한 라면이나 과자의 신제품 개발까지 모두 과학자들이 열심히 연구한 결과랍니다.

13위 제과·제빵사

Q 파티시에는 제과·제빵사와 다른 건가요?

파티시에(pâtissier)는 프랑스어로 과자, 케이크, 페이스트리를 전문적으로 만드는 남자를 뜻해요. 여자의 경우 파티시에르(pâtissière)라고 부르지요. 흔히 알고 있는 '파티쉐', '파티시엘'은 잘못된 표기랍니다.

그러면 제과·제빵사는 뭘까요? '파티시에'의 우리말일까요? 그런데 제과·제빵사를 국어사전에서 찾아보면 나오지 않아요. 왜냐면 보통 제과와 제빵을 구분하거든요. **제과는 과자를 만드는 일이고, 제빵은 빵을 만드는 일이에요.** 물론 제과와 제빵이 모두 가능한 능력자들도 많지만 제과와 제빵은 전혀 다른 과정이고, 자격증도 각각 따야 해서 보통 분리해서 봅니다.

정리하자면 **파티시에는 제과사**라고 말할 수 있겠네요. 제과사는 케이크, 쿠키, 파이, 슈, 타르트, 브라우니 등을 만들거든요. 참고로 제빵사는 식빵, 크림빵, 베이글, 단팥빵, 소보로빵,

버터롤 등을 만듭니다. 제빵이 제과와 다른 점은 디저트가 아닌 식사용 빵이 많고, 효모를 사용해 반죽을 발효해서 굽는다는 점이에요. 제빵사를 프랑스어로는 '블랑제(boulanger)'라고 한대요.

제과사, 제빵사들은 어디에서 일하고 있을까요? 빵집 또는 과자점을 차려 직접 경영하거나, 제과·제빵 회사의 개발팀, 교육팀에서 일하기도 합니다. 또 카페, 호텔, 레스토랑 등에 고용되어 빵과 과자를 만들기도 하지요.

제과·제빵 전문가가 되려면 성실함과 창의력 등이 필요해요. 동네에 있는 작은 빵집들도 새벽 6시부터 준비해 빵을 굽기 시작하거든요. 새벽 4시부터 시작하는 가게들도 많고요. 빵과 과자를 만드는 데 많은 시간과 여러 과정이 필요하기 때문에 성실하지 못하면 일을 할 수 없대요. 창의력이 필요한  이유는 새로운 빵과 과자를 개발해야 하기 때문이에요. 손님의 특별한 요구에 맞춘 주문 제작 케이크를 만들기도 하고, 계절 메뉴나 기념일 메뉴를 개발하는 일도 많거든요.

14위 컴퓨터 공학자 / 소프트웨어 개발자

Q 앱 개발자가 되려면 어떤 공부를 해야 하나요?

초등학생의 스마트폰 보급률은 해마다 쭉쭉 올라가서 이제는 초등학교 고학년 학생 중 80% 이상이 스마트폰을 가지고 있대요. 스마트폰이 없는 친구들도 태블릿 PC나 부모님 스마트폰을 사용해 본 경험이 있을 테니 앱을 사용해 보지 않은 친구는 거의 없을 것 같아요.

앱(App)은 애플리케이션 소프트웨어(application software) 또는 애플리케이션 프로그램(application program)의 줄임말이에요. 앱을 '어플'이라고 부르는 사람들이 종종 있는데 이는 잘못된 단어이고, '앱'이 한글 맞춤법에 맞는 단어랍니다. 애플리케이션이 '응용'이라는 뜻이니까, 앱을 우리말로 바꾸면 응용 소프트웨어, 응용 프로그램 정도가 되겠네요. 긴 영어가 자꾸 나오니 어렵게 생각되겠지만, 그냥 컴퓨터, 태블릿 PC, 스마트폰에 설치된 대부분의 프로그램이 다 앱이에요.

새로운 앱을 만들거나 원래 있던 앱을 더 좋게 만드는 사람이 앱 개발자예요. **앱 개발자가 되려면 무엇보다도 코딩을 배워야 합니다.** 코딩이란 컴퓨터에게 내릴 명령을 C언어, 파이선, 자바 등의 프로그램

언어로 입력하는 것을 말해요.

앱 개발자가 되기 위해 코딩 말고 무엇을 또 익혀야 할까요? 프로그램을 만든다는 게 결국 컴퓨터나 스마트폰을 활용해 문제를 해결하는 과정이기 때문에 **문제 해결력**이 필요해요. 또 스마트폰과 컴퓨터가 계속 발전하고 있고, 사람들의 생활 모습도 계속 변하잖아요. 그에 따라 새로운 앱을 개발하고, 기존의 앱을 개선해야 하니까 **창의력**도 반드시 필요합니다. 문제 해결력과 창의력은 사고력이에요. **사고력**은 다양한 과목의 학습과 경험, 풍부한 독서가 뒷받침되면 쑥쑥 성장할 수 있어요.

통계 출처 : 정보통신정책연구원(2019), 어린이와 청소년 휴대폰 보유 및 이용행태 분석

15위 수의사

Q 수의사는 모든 동물을 다 치료할 수 있나요?

동물을 치료해 주는 의사를 수의사라고 해요. 그런데 동물은 종류가 정말 많아요. 반려동물로 많이 기르는 개, 고양이, 햄스터 같은 포유류부터 앵무새, 구관조 같은 조류와 이구아나, 거북이 등의 파충류, 금붕

어, 구피 같은 어류까지 우리가 집에서 많이 키우는 동물만 해도 수십 종이 넘지요. 그런데 동물에는 반려동물만 있는 게 아니에요. 소, 돼지, 닭처럼 고기와 가죽 등을 얻기 위해 기르는 동물도 있고, 기린, 하마처럼 동물원에 가면 볼 수 있는 동물도 있어요. 수의사들은 이 수많은 종류의 동물들을 다 치료할 수 있을까요?

법적으로 **수의사는 사람을 제외한 모든 동물을 진료할 수 있어요.** 그러나 사람을 진료하는 의사도 내과, 외과, 피부과, 안과 등 전문의가 따로 있는 것처럼 수의사도 대상 동물에 따라 크게 소동물 수의사, 대동물 수의사, 야생 동물 수의사, 특수 동물 수의사, 수생 동물 수의사로 나누어져요.

소동물 수의사는 개, 고양이, 토끼, 새 등 비교적 작은 동물을 진료하는 수의사예요. 우리가 주로 기르는 반려동물이 소동물에 속하지요. 동물 병원에 가면 계시는 분들이 바로 소동물 수의사예요.

대동물 수의사는 말, 소, 돼지 등 산업 동물을 맡아 진료해요. 말, 소, 돼지 등은 고기, 가죽, 우유 등 축산물을 얻기 위해서 계획적으로 기르기 때문에 다치거나 아플 때 치료해 줄 대동물 수의사가 꼭 필요합니다. 돼지콜레라, 구제역 등의 동물 질병이 발생하는 것을 막고, 이런 질병이 발생했을 때 조사와 치료를 하는 것도 주로 대동물 수의사가 맡고 있어요. 그래서 대동물 수의사는 동물 병원보다는 연구소, 정부 기관, 사료 제조 기업, 육가공 기업 등에서 일하고 있지요.

야생동물 수의사는 고라니, 반달가슴곰 등 야생 동물을 진료합니다. 천연기념물이나 멸종 위기종 동물들을 치료해 보호하고, 이런 동물들의 번식과 출산을 돕기도 해요. 특수 동물 수의사는 동물원에서 볼 수 있는 하마, 사자, 기린 등의 동물을 진료하는 일을 하고, 수생 동물 수의사는 어류를 진료합니다.

요약하자면 수의사는 모든 동물을 진료할 수는 있지만 일하는 장소나 맡은 업무에 따라 전문 분야가 달라요. 특히 요새는 개와 고양이를 반려동물로 기르는 사람들이 크게 늘면서 동물 병원도 개 전문 병원,

고양이 전문 병원이 생겨날 정도로 세분화되고 있어요.

그리고 광우병, 메르스, 코로나19처럼 사람과 동물이 함께 걸리는 질병에 대한 연구의 필요성이 높아지면서 수의사의 중요성도 함께 높아지고 있답니다.

16위 작가

Q 작가의 종류를 알려 주세요.

글 쓰는 일을 직업으로 하는 사람을 작가라고 합니다. 글의 종류에 따라 작가를 분류해 볼게요.

우선 **소설가**를 이야기해 볼게요. 소설은 인물과 사건이 있는 이야기 글이에요. 여러분이 읽어 보았을 법한 소설로는 『해리 포터』 시리즈, 『어린 왕자』, 『마당을 나온 암탉』 등이 있겠네요. 요즘은 네이버 시리즈, 카카오페이지 등에 마치 웹툰처럼 연재하는 웹 소설이 인기가 많은데요, 웹 소설 작가도 소설가예요.

시는 운율과 이미지 등을 활용해 감정과 생각을 짧게 표현한 글이에요. 시를 짓는 사람을 **시인**이라고 하지요. 시는 원래 노래 가사에서 출발했으니 시인은 역사가 아주 오래된 직업이라고 볼 수 있어요. 지금은 노래 가사를 짓는 작사가와 시인을 구별해서 보지만 넓게 보면 작사가도 시인이라고 할 수 있지요.

밥 딜런이라는 미국의 가수는 아름다운 노래 가사를 지은 공로로 2016년에 노벨 문학상을 받았대요.

학교에서 연극을 해 본 적이 있나요? 친구들과 연극을 하기 위해 제일 먼저 했던 일이 무엇이었나요? 아마 가장 먼저 대본을 정했을 거예요. 연극의 대본을 희곡이라고 하고, 희곡을 쓰는 사람을 극작가라고 해요. 『로미오와 줄리엣』, 『햄릿』, 『베니스의 상인』 등이 바로 희곡이에요. 이 희곡들을 쓴 극작가가 바로 그 유명한 셰익스피어지요. 한편 드라마와 영화 대본을 쓰는 사람은 **시나리오 작가**라고 불러요.

드라마가 아닌 텔레비전 프로그램에도 작가가 있어요. 음악 방송 프로그램, 예능 프로그램, 퀴즈 프로그램과 노래자랑 프로그램에도 작가가 있답니다.

뉴스를 제외한 모든 텔레비전 프로그램에는 작가가 있다고 보면 돼요. 왜냐면 프로그램에는 내용과 대본이 필요하니까요. 이런 작가를 **방송 작가**라고 합니다. 방송 작가는 프로듀서와 함께 방송 내용을 기획하고, 출연자를 섭외하고, 대본을 쓰고, 촬영을 돕는 일을 해요.

이 외에도 웹툰에서 그림 빼고 이야기만 담당하는 **스토리 작가**, 게임의 줄거리와 게임 내 대사를 쓰는 **게임 시나리오 작가**도 있어요. 작가라는 직업이 정말 다양하지요?

17위 배우 / 모델

Q 예쁘고 날씬해야만 배우가 될 수 있나요?

배우는 드라마나 영화, 연극 등에서 역할을 맡아 연기를 하는 사람입니다. 드라마, 영화, 연극은 우리가 사는 세상의 재미있고 감동적인 이야기를 배우의 연기로 보여

주는 예술이지요. 우리가 사는 세상에는 예쁘고 날씬한 사람만 존재하나요? 아니죠. 통통한 사람, 대머리인 사람, 키가 작은 사람 등 사람들의 외모와 체형은 매우 다양해요. 따라서 예쁘고 날씬한 사람만 배우가 되는 것은 절대 아니에요. 세상의 모습을 잘 보여 주려면 다양한 외모의 배우가 필요하거든요. **배우가 되기 위해 외모보다 중요한 조건은 창의력, 관찰력, 상상력, 표현력 등이에요.** 배우는 맡은 역할을 자신만의 방법으로 표현해야 하기 때문에 **창의력**이 반드시 필요해요. 예를 들어 배우는 맡은 역할의 말투나 걸음걸이 등을 스스로 만들어 내지요. 따라서 같은 대본이어도 어떤 배우가 연기하느냐에 따라 전혀 다른 작품이 될 수 있어요. 그리고 배우들은 꼼꼼한 **관찰력**이 필요해요. 사람들의 모습을 관찰해서 연기에 활용하거든요.

의사 역할을 맡으면 의사를 관찰하고, 할머니 역할을 맡으면 할머니를 관찰해서 그 특징을 찾아내지요. 그리고 자신이 맡는 모든 역할의 상황, 처지, 직업 등을 직접 경험해 볼 수는 없으니까 '내가 저 상황이면 어떤 몸짓과 표정을 할까?'라는 식으로 **상상해 보는 능력**이 필요해요. 또 표정, 눈빛, 동작, 목소리 등을 자유자재로 조절하는 **표현력**이 있어야 사람들을 감동시키는 연기가 가능하겠지요. 이러한 능력은 많은 연습과 훈련을 통해 길러집니다.

배우들은 배역을 맡으면 완전히 그 역할이 되기 위해 치열하게 노력해요. 환자 역할을 맡으면 일부러 살을 빼고 화장도 전혀 하지 않는대요. 피아니스트 역할을 맡으면 클래식 음악을 공부하고, 피아노 레슨도 받지요.

따라서 배우가 되기 위해 중요한 조건은 외모나 몸매가 아니라 훌륭한 연기를 가능하게 하는 여러 능력들이에요. 배우를 꿈꾸는 친구들은 무엇이 창의력, 관찰력, 상상력, 표현력을 키워 줄 수 있을지 고민해 보세요. 가장 추천하는 방법은 독서예요. 성공한 배우들은 모두 엄청난 독서가거든요. 좋은 대본을 고르는 안목을 기르는 데 독서만 한 게 없잖아요.

18위 연주가 / 작곡가

Q 작곡가가 되려면 피아노를 잘 쳐야 하나요?

작곡가가 하는 일은 멜로디(선율)를 만드는 것이에요. 음들을 아름답게 배열해서 듣기 좋은 소리를 만들어 내지요. 사실 음감과 기억력이 좋다면 악기 없이 맨손으로도 작곡은 가능해요. 천재들은 길을 걷다가도 영감이 떠올라 작곡을 했다고 하잖아요. 그런데 이건 정말 극소수의 천재만 가능한 일이고, 보통 작곡가들은 영감이 떠오르면 피아노로 멜로디를 연주해 확인해 본답니다. 왜냐면 사람이 부르는 음정이 늘 기계처럼 정확한 것이 아니니까요. 내가 흥얼거린 음이 솔인지, 솔#인지 정확한 음정을 확인하고 기억해 두려면 악기로 연주해 보는 과정이 필요해요. 그래서 작곡가에게 피아노는 꼭 필요한 짝꿍이죠.

그러면 작곡가는 얼마큼 피아노를 잘 쳐야 할까요? 이 문제는 어떤 음악을 작곡하느냐에 따라 답이 달라져요. 아주 간단한 음악을 만든다면 건반만 누를 줄 알아도 작곡은 가능해요. 그러나 우리가 즐겨 듣는 가요나 오케스트라가 연주하는 관현악곡을 만들려면 꽤 높은 수준의 피아노 실력이 필요하지요.

왜 피아노냐면 다양한 음을 내면서 화음도 잘 표현할 수 있는 악기가 피아노거든요. 예를 들어, 가요 한 곡을 만드는 데는 꽤 많은 악기가 필요해요. 클래식 기타, 전자 기타, 베이스 기타, 드럼, 피아노 정도가 기본이고 가끔 금관악기와 현악기가 추가되기도 하지요. 그러나 작곡가가 이 모든 악기를 다룰 줄 아는 것은 불가능하잖아요. 따라서 가장 다양한 음을 낼 수 있는 피아노를 연주할 줄 알면 작곡에 큰 도움이 된답니다.

결론은 피아노를 잘 치면 작곡가가 되는 데 매우 유리하다는 거예요.

작곡가는 음감이 뛰어나야 하고 화음을 잘 사용할 수 있어야 해요. 멜로디만 있어도 음악이 만들어지긴 하지만 완성도 높은 음악이 되려면 화음은 필수거든요. 음감과 화음은 악기 연주를 통해 기를 수 있어요. 그러니 작곡가를 꿈꾸는 친구들은 피아노든 기타든 좋아하는 악기를 정해 꾸준히 연습하면 도움이 될 거예요.

19위 군인

Q 여군은 어떤 일을 하나요?

우리나라 여군의 역사는 6.25 전쟁 때 시작되었어요. 6.25 전쟁 당시 나라를 지키는데 동참할 여성들을 모집하여 여성 의용군이 만들어졌거든요. 1951년에는 육군 본부에 여군과가 만들어져 처음으로 '여군'이라는 말이 사용되었지요. 그 후 여군은 차츰 뿌리를 내리고 규모도 커져 1990년대 말에는 육군, 해군, 공군 사관학교(육·해·공군의 장교를 길러 내는 군사학교예요. 장교는 군대의 지휘관이지요. 사관학교에서 여자 생도를 받았다는 말은 여자 지휘관이 본격적으로 길러졌다는 뜻입니다.)에서 여자 생도를 입학시키게 되었어요.

여군의 수가 적던 과거에는 여군의 역할이 주로 간호나 행정이었지만 여군의 수가 점차 늘어나면서 **현재 여군이 하는 일은 남자 군인과 큰 차이가 없답니다.** 1990년대에 여군단과 여군과가 모두 해체되고 일반 병과와 통합되어 여자 군인들은 남자 군인들과 똑같이 교육받고 훈련을 하고 있거든요. 2014년에는 육군의 전투병과인 포병, 기갑, 방공 병과에도 여군 배치가 허용되어, 현재 육·해·공군에서 여성 장교가 갈 수 없는 병과는 없다고 해요. 포병은 포 사격을 맡은 군대를 말하고, 기갑은 전차나 장갑차를 모는 군대, 방공은 적의 항공기나 미사일 공격을 막아 내는 군대를 말해요. 다만 여성 부사관이 갈 수 없는 몇 가지 특수 병과가 있는데, 해군의 잠수함이나 특수전 임무, 공군의 항공구조 부사관 등이에요. 이 병과에는 고도의 체력과 신체 조건이 필요하거나 근무 요건이 아직 마련되지 않아 여성 부사관이 없지만 앞으로 충분히 여성에게도 기회가 열릴 것으로 기대하고 있지요.

오늘날의 군대는 고도로 첨단화되어 여군의 한계는 갈수록 사라지고 있어요. 사관학교 수석을 여군들이 차지할 정도로 여군들의 열정은 남자 군인 못지않으며 2001년에 우리나라 최초의 여성 장군(장군은 군대 전체를 지휘하는 사람으로, 군대 계급 중 가장 높아요.)이 나온 이후 꾸준히 여성 장군이 탄생하고 있답니다. 군사 강국인 다른 나라들도 여군

비율이 갈수록 높아지고 있으니 우리나라의 여군도 더욱 늘어날 것이라고 전망해요. 나라를 사랑하고 지키는 마음에는 여자와 남자 구별이 없으니까요.

20위 생명·자연 과학자 및 연구원

Q 생명공학자는 무슨 일을 하나요?

생명·자연 과학자 및 연구원 중에는 '생명공학자'도 포함되어 있어요. 우선 '생명공학자'라는 단어의 뜻부터 생각해 보도록 해요. '생명공학 기술'을 연구하는 사람 정도가 되겠지요. 그럼 생명공학 기술은 뭘까요? '생명'은 생물을 말하고, '공학'은 무엇을 만들어 내는 거니까 생물을 이용해 뭔가를 만들어 내는 기술이라고 생각하면 쉬워요. 정리해 보면, 생명공학 기술은 동물, 식물, 세균 등이 가지고 있는 물질, 기능, 정보 등을 이용해서 인간에게 유용한 물질이나 서비스를 만들어 내는 기술을 말합니다. 그러니까 **생명공학자는 생물체를 연구해서 인간에게 유용한 물질과 서비스를 만들어 내는 일을 하는 사람이죠.**

생명공학 기술이 어디에 활용되는지 살펴보면 생명공학자가 하는 일을 더 잘 이해할 수 있어요. 생명공학 기술은 의약, 농업, 화학, 전자 등 아주 다양한 분야에 활용되어 유용한 상품을 많이 만들어 냈답니다. 난치병 치료제와 바이러스 치료제 같은 의약품, 무르지 않는 토마토 같은 유전자 변형 작물, 토양에서 썩는 플라스틱, 지문이나 얼굴 인식 기술을 이용한 보안 장치 등이 대표적인 예이지요.

생명공학은 환경오염, 식량 부족, 감염병, 난치병 등 현대사회 문제들의 해결에 깊게 관련되어 있어요. 따라서 생명공학자는 미래 전망이 아주 밝은 직업 중 하나예요. 생명공학자가 되려면 동물과 식물에 관심이 많고, 관찰력과 분석력이 있어서 꾸준히 연구를 할 수 있어야 해요.

제3장. 이 직업도 궁금해요

잡니의 아기 이불은 정말 포근하다. 마치 구름 위에 앉은 것 같달까. 지니가 마법 양탄자를 들고 와도 잡니의 아기 이불이랑은 절대 안 바꿀 거다. 아기 이불에 앉아 있으면 뭔가 마음이 넉넉한 부자가 된 기분이 든다.

"잡니야, 이 아기 이불은 어디서 팔아? 나 이 아기 이불 너무 맘에 들어. 앉아 있으면 마음속에 뭔가 차오르는 것 같거든."

잡니는 싱긋 미소를 지으며 말했다.

"이건 파는 물건이 아니에요. 아기 이불에는 어린 시절 꿈들이 담겨 있어요. 그래서……."

잡니는 무슨 말을 더 하려다가 말았는데 어느새 동네에 도착해서 더 물어볼 수가 없었다. 집 근처 사거리에 행정복지센터가 보였다.

"누나, 내 장래 희망 보고서 주제를 공무원으로 하면 어떨까?"

"너 공무원이 되고 싶어?"

"아니, 그건 아닌데 그냥 보고서를 금방 쓸 수 있을 것 같아서. 행정복지센터에서 일하시는 분들이 공무원이잖아."

가만히 듣고 있던 잡니가 걱정스러운 표정을 지었다.

"진짜 공무원으로 보고서를 쓸 수 있겠어요? 행정복지센터에서 일하시는 분들만 공무원인 게 아닌데요. 경찰관, 소방관, 교사, 외교관, 검사, 판사, 대통령, 국무총리, 시장 이런 직업도 전부 공무원이에요. 공무원 종류만 조사해도 하루가 꼬박 걸릴 텐데."

역시 쉬운 일이라고는 없다. 공무원 종류가 그렇게 많다니. 누나도 몰랐다는 눈치다.

"뭐? 공무원 종류가 그렇게 많다고?"

"종류가 많은 만큼 하는 일도 얼마나 다양하다고요. 공무원이 어떤 직업인지 알려드리죠."

Q 공무원은 무슨 일을 하나요?

최근 정부에서 청소년들을 대상으로 가장 일하고 싶은 직장을 조사했어요. 청소년이 가장 선호하는 직장은 어디였을까요? 세계적인 전자 회사일까요? 우리나라의 유명 IT 기업일까요? 아니에요. 청소년이 가장 일하고 싶어 하는 직장은 삼성도 카카오도 아닌 '국가기관'이었다고 합니다. 쉽게 말하면 공무원이 되고 싶은 청소년이 아주 많다는 말이죠. 그런데 공무원은 그 종류도 하는 일도 정말 다양해요. 그래서 공무원이 무슨 일을 하냐고 물어보면 단박에 대답하기는 어렵답니다.

일단 **공무원은 국가기관이나 지방 자치단체에서 일을 하는 사람을 말해요.** 국가기관에는 청와대부터 시작해서 국무총리실, 교육부, 통일부 같은 정부 부처, 국회, 국세청, 법원, 검찰청, 선거관리위원회 등 아주 많은 기관들이 있어요. 이런 곳에서 일하는 분들이 국가기관 공무원이에요. 또 지방 자치단체는 특별시, 광역시, 도, 시, 군, 구 등이 있는데 시청, 도청, 군청, 구청, 행정복지센터 등에서 일하는 분들이 지방 자치단체 공무원이지요.

공무원이 되려면 어떻게 해야 할까요? 공무원의 종류가 다양한 만큼 공무원이 되는 방법도 여러 가지가 있어요. 가장 대표적인 방법은 시험을 봐서 공무원이 되는 거예요. 교사가 되려면 임용 시험을, 외교관이 되려면 외교관 후보자 선발 시험을, 경찰은 경찰 공무원 시험을 봐서 합격해야 하지요. 시청이나 구청, 행정복지센터에서 일하려면 지방 공무원 시험을 봐야 하고요. 이렇게 어디에서 어떤 일을 하는지에 따라 공무원 시험이 따로따로 마련되어 있어요.

시험을 보진 않지만 공무원이 되는 더 어려운(?) 방법도 있습니다. 바로 선거에 당선되거나 국회의 동의를 받아 임명되는 거예요.

선거는 국민의 선택을 받는 절차이고, 국회의 동의를 받는 것은 국민의 대표인 국회의원들에게 동의를 받는 절차이니 꽤 어려운 임무를 맡는 공무원들이 이 방법을 통해 공무원이 되겠지요? 바로 대통령, 국회의원, 교육감, 시장 등이 선거를 통해 뽑힌 공무원이고 국무총리, 장관, 헌법재판소 재판관 등이 국회의 동의를 얻어 임명된 공무원이랍니다.

가끔 특별한 재능이나 뚜렷한 꿈이 없어서 공무원을 하겠다는 친구들을 종종 봐요. 그러나 잘 살펴보면 공무원이야말로

적성에 맞지 않으면 할 수 없는 전문적인 직업이에요.

　예를 들어, 문화재를 관리하고 복원하는 일은 문화재청 공무원이 하고요, 범죄 현장에서 나온 증거물을 분석하는 일은 국립과학수사연구원 공무원이 하고

있어요. 그러니 공무원을 꿈꾸는 친구들은 자신의 적성과 관심 분야를 생각해서 어떤 종류의 공무원이 되고 싶은지 잘 생각해 보아야 해요.

통계 출처 : 통계청, 2020 청소년 통계

Q 교수님과 선생님은 뭐가 다른가요?

교수와 교사는 둘 다 학생을 가르치는 직업이에요. 그러나 교수는 대학에서 대학생과 대학원생을 가르치고, 교사는 초등학교, 중학교, 고등학교에서 학생들을 가르치지요. 일하는 장소와 가르치는 대상 말고도 교수와 교사는 다른 점이 꽤 많답니다.

둘의 가장 다른 점은 '주된 업무'예요. **교사는 학생들을 가르치는 일이 주된 업무지만 교수의 주된 업무는 대학생들을 가르치는 일에 연구가 포함되지요.** 가끔은 연구가 더 큰 비중을 차지할 때도 있어요. 왜냐하면 교수님들이 일하고 있는 곳인 대학의 목적 자체가 학문을 전문적으로 연구하고 깊이 있게 공부하는 거거든요. 그래서 교수님들은 끊임없이 연구를 해서 논문과 책을 쓰고, 연구 결과를 발표해야 해요. 또 대학원에서 석사과정, 박사과정 대학원생을 가르치면서 후배 학자들을 길러 내지요.

교사가 되려면 교육대학교나 사범대학을 졸업해서 교원자격증을 받으면 됩니다. 그러나 교수는 그 학문의 최고 전문가이기 때문에 대학 졸업만으로는 부족해요. 아마 모든 직업 중에서 공부를 가장 많이 해야 하는 직업이 교수일 거예요. 대학을 졸업하고 더 공부를 하고 싶으면 대학원에 진학하는데요, 교수가 되려면 대학원에 가서 석사과정과 박사과정 공부를 하고 석사, 박사가 되는 게 보통이에요. 그 후에도 꾸준히 연구를 하고 경력을 쌓으면 교수가 될 수 있어요.

교수는 직업 만족도가 가장 높은 직업 중 하나로 알려져 있어요. 자신이 연구한 학문을 통해 세상이 더욱 살기 좋게 발전하고 많은 사람들에게 도움을 줄 수 있으니까요. 한편 공부와 연구를 정말 사랑해야만 할 수 있는 직업이기도 해요. 그래서 늦은 밤 대학교 안을 걷다 보면 환하게 불이 켜진 교수 연구실을 많이 볼 수 있답니다.

Q 스님, 신부님, 목사님도 직업인가요?

스님, 신부님, 목사님 같은 직업을 성직자라고 해요. 성직자가 직업인지 아닌지는 직업의 세 조건인 경제성, 지속성, 윤리성을 따져 보면 알 수 있어요. 성직자들도 월급을 받으니까 경제성은 합격. 그리고 보통 20, 30대 때부터 거의 돌아가실 때까지 성직자로 일하므로 지속성도 합격. 마지막으로 성직자만큼 윤리적인 직업도 없으므로 윤리성도 합격. 따라서 **스님, 신부님, 목사님과 같은 성직자는 직업이 맞아요.** 성직자가 어떤 직업인지 잠깐 알아보고 갈까요?

성직자는 종교의식(법회, 미사, 예배 등)을 행하고, 신도들을 교육하며 종교 단체(절, 성당, 교회 등)를 이끌어 가는 사람이에요. 종교의 종류가 아주 많기 때문에 성직자의 종류도 아주 많답니다. 예를 들어 불교는 승려, 가톨릭교는 신부, 개신교는 목사, 이슬람교는 이맘, 원불교는 교무 등이 있지요.

성직자는 보통 직업들과 다른 점이 많아요. 종교의 가르침에 따라 수

행하고 봉사하는 것을 중요하게 여기기 때문이에요. 예를 들어 불교의 성직자인 승려는 삭발을 하고, 결혼을 하지 않으며 고기를 먹지 않아요. 가톨릭교의 성직자인 신부도 결혼을 하지 않고, 남자만 신부가 될 수 있어요. 보통 사람들과는 다른 모습이라 이상하게 느껴질 수도 있지만 각 종교의 가르침을 실천하려는 노력이랍니다.

우리는 보통 일요일에 절, 성당, 교회에 가서 성직자를 만나지만 평일에도 성직자들은 다른 직업인들처럼 바쁘게 일을 하고 있어요. 성직자들은 종교의식이 없는 날에 교육, 봉사 등 다양한 공익 활동을 한답니다.

Q 사장, 회장, CEO의 차이는 뭔가요?

사장, 회장, CEO라는 직책 이름을 들어본 적이 있을 거예요. 셋 다 회사의 높은 사람이라는 건 알겠는데 셋의 차이는 뭘까요? 또 누가 제일 높은 걸까요?

일단 사장이 없는 회사는 없어요. 아무리 작은 회사라도, 심지어 동네 식당에도 사장님은 있지요. 그러나 회장이나 CEO가 없는 회사는 많아요. 회장이나 CEO가 있으려면 규모가 큰 회사여야 하거든요.

아무리 작은 회사라도 사장이 있는 이유가 사장은 사업체의 대표자를 뜻하는 말이거든요. 한편 회장은 회의 대표자를 뜻하는 말이에요. **기업의 회장은** 어떤 회의 대표자일까요? 바로 **이사회의 대표자**랍니다. 이사회는 주식회사에만 있는 건데 이사들이 모여서 회사의 중요한 사항을 결정하는 모임이에요. 예를 들어 대표이사를 정하는 일을 이사회에서 하지요.

그럼 대표이사는 또 뭔가요? 이게 바로 CEO예요. CEO는 Chief Executive Officer의 앞 글자를 딴 단어예요. Chief는 우두머리를 뜻하고, Executive Officer는 이사, 임원을 뜻하는 말이니 우리말로는 **최고 경영자 또는 대표이사**라고 하지요. 이름이 '대표이사'니까 이사회를 이끌고 회사의 중요한 일을 최종 결정하는 사람이에요. 기업의 회장이 CEO를 함께 맡기도 하는데 요즘은 전문 경영인이 CEO를 맡는 경우가 더 많아요.

그러면 사장, 회장, CEO 중 누가 회사의 주인일까요? 가게나 작은 회사는 사장이 자기 돈을 들여 사업체를 만들고 꾸려 나가니까 사장이 주인이에요. 하지만 큰 회사는 한 사람의 돈만으로는 회사를 꾸려 나갈 수가 없어요. 따라서 주식을 발행해 투자자들에게 팔고 회사를 경영할 자금을 마련해요. 대신 나중에 투자자들에게 회사가 벌어 온 이익을 나누어 주지요. 이런 회사를 주식회사라고 하고, 회사 주식을 산 투자자를 주주라고 해요. 따라서 주식회사의 주인은 CEO가 아니라 주식을 가지고 있는 주주들이에요. CEO는 회사의 경영 책임자일 뿐이고요. 그래서 CEO가 회사 경영을 잘못해서 회사에 손실을 입히면 이사회에서 잘라 버리고 다른 사람으로 교체하기도 한답니다.

Q 대기업과 중소기업은 뭐가 다른가요?

대기업과 중소기업을 나누는 기준은 매출액과 자산 총액입니다. 매출액은 상품과 서비스를 판매한 금액이고, 자산총액은 기업이 가진 재산 전부를 말해요. 현재 우리나라 법에서는 매출액이 1,500억 이하(정확히는 400억에서 1,500억 이하예요. 업종마다 기준이 다르거든요. 예를 들어 옷을 만드는 기업은 1,500억이 기준이지만 플라스틱을 만드는 기업은 1,000억, 숙박업을 하는 기업은 400억이 기준이에요.), 자산 총액은 5,000억 미만인 기업을 중소기업으로 봅니다. 그보다 많으면 대기업이나 중견기업이라고 부르고요. 1,500억, 5,000억이라니 생각보다 중소기업이 '중소'하지 않지요? 그래서 중소기업 명단을 잘 살펴보면 우리가 잘 아는 유명한 회사가 꽤 많아요.

대기업은 자산이 10조가 넘는 회사를 말해요. 세상에 10조라니! 이제야 자산 5,000억 미만인 기업이 왜 중소기업인지 이해가 되죠? 자산을 많이 가지고 있기 때문에

대기업은 여러 면에서 중소기업보다 훨씬 유리해요. 중소기업과 대기업이 같은 분야에서 경쟁하게 되면 중소기업이 살아남기 쉽지 않지요.

그래서 나라에서는 법으로 대기업과 중소기업을 구분해서 대기업의 독점을 막고, 중소기업

이 성장할 수 있도록 여러 방면으로 지원해 줍니다. 그래야 나라의 산업이 골고루 발전하고 중소기업에 다니는 사람들도 행복하게 일할 수 있으니까요.

사람들이 중소기업보다 대기업에서 일하고 싶은 이유는 아무래도 대기업이 많은 사람들에게 알려져 있고 월급도 많이 주기 때문인 것 같아요. 그러나 요즈음은 중소기업 중에서도 대기업만큼 유명하고 월급도 많이 주는 회사가 늘고 있어요.

많은 사람들이 대기업에 다니길 희망하지만 사실 우리나라 기업의 99% 이상은 중소기업이에요. 그리고 기업은 성장하기도 하고, 추락하기도 하기 때문에 대기업 명단은 해마다 변해요.

오늘의 중소기업이 내일은 대기업이 될 수 있고, 반대로 오늘의 대기업이 내일은 중소기업이 될 수도 있어요. 대기업들도 처음에는 작은 중소기업으로 출발했답니다.

그러니까 회사의 크기만 생각하지 말고 내가 진짜 하고 싶은 일, 정말 좋아하는 일을 할 수 있는 회사인지를 따져 보는 게 더 중요해요.

제4장. 미래 직업 세계를 준비해요

누나랑 잡니랑 신나게 직업 여행을 하다 보니 배가 고파졌다. 근처에 있는 패스트푸드점으로 얼른 들어갔다.

"누나, 나는 치즈 버거 세트로 주문해 줘. 어, 근데 왜 거기로 가?"

누나는 계산대로 가지 않고 큰 화면이 달린 기계 앞에서 서서 고개를 갸우뚱거렸다.

"세계야, 이것 좀 봐. 예전에는 계산대에서 주문을 받았잖아. 근데 이제는 이 기계에서 주문하면 된대."

그러고 보니 계산대에는 직원이 한 명도 없고 다들 안쪽 주방에서 햄버거 만들기에 열중이었다.

"누나, 이렇게 기계가 사람 일을 다 해 주면 우리는 놀고먹기만 하면 되겠다, 그치?"

"그게 그렇게 간단한 문제가 아니야. 일을 안 하는데 돈을 어떻게 버니? 돈이 없으면 생활은 어떻게 하고? 근데, 걱정이 되긴 한다. 자꾸 기계가 사람 일을 대신하면 직업은 모두 없어지는 건가?"

"그러네. 잡니야, 우리가 어른이 되었을 때 기계 때문에 할 일이 없으면 어떻게 해? 우리 전부 실업자 되는 거야?"

내 주머니 속에 들어 있던 잡니가 빼꼼 고개를 내밀고 작게 말했다.

"미래를 그렇게 어둡게 예상할 필요는 없어요. 햄버거 먹고 나서 세상이 어떻게 변하고 있는지 구경하러 갈까요? 세상이 변하는 모습을 살펴보면 미래가 어떨지도 예상할 수 있거든요. 앞으로 어떤 직업의 전망이 좋을지도 같이 알아봐요."

Q 도대체 4차 산업혁명이 뭐죠?

세상이 온통 4차 산업혁명으로 난리예요. 알파고라는 인공지능은 세계 바둑 챔피언을 이겼고, 세계적으로 유명한 한 투자 회사는 인공지능을 관리할 단 두 명만을 남기고 600명의 직원을 해고했대요. 세상을 이렇게 확확 바꾸고 있는 4차 산업혁명이란 건 도대체 무엇일까요?

4차 산업혁명이 있다는 건 이전에 1차, 2차, 3차 산업혁명이 있었다는 말이겠지요.

1차 산업혁명은 증기기관 기반의 '기계화 혁명'이에요. 18세기에 발명된 증기기관은 석탄을 태워서 물을 끓이고, 끓인 물이 만든 증기로 기계를 돌려서 사람이 하던 일을 기계가 하게 만들어 주었어요. 그래서 공장 생산이 시작되었고, 농업과 수공업 중심의 산업이 제조업 중심으로 확 바뀌게 되었지요.

2차 산업혁명은 전기에너지 기반의 '자동화 혁명'이에요. 19세기부터 20세기 초에 공장에 전기가 공급되고 생산이 자동화되면서 대량생산이 가능해졌어요. **3차 산업혁명은 20세기 후반 컴퓨터와 인터넷 기반의 '지식 정보화 혁명'이고요.**

1차, 2차, 3차 산업혁명을 이끈 핵심 기술은 각각 증기기관, 전기에너지, 컴퓨터와 인터넷이었고 이를 통해 생산의 기계화, 자동화, 지식 정보화라는 큰 변화를 만들어 냈어요.

그렇다면 4차 산업혁명을 이끄는 핵심 기술은 무엇일까요? 바로 '지능 정보 기술'입니다. 지능 정보 기술은 인공지능 기술과 데이터 활용 기술을 융합해서 사람이 하는 학습, 추론 같은 고차원적 정보 처리를 기계가 해내도록 만드는 기술이에요.

지능 정보 기술이 가져올 변화는 생산의 '지능화 혁명'이에요. 예를 들어 인공지능을 이용해 운동화를 만든다고 합시다. 우선 인공지능에게 정보를 입력해요. 성별, 나이, 발 크기, 몸무게와 키, 좋아하는 색깔, 이미 가지고 있는 운동화 같은 거요. 그러면 인공지능은 입력받은 정보와 이미 가지고 있던 방대한 양의 데이터를 조합해서 그 고객 맞춤 운동화를 만들어 줍니다.

운동화 제작에는 3D 프린터가 사용될 거고, 운동화 공장은 얼마나 팔릴지를 미리 예측해 맞춤 생산을 하는 스마트 공장일 거예요. 다시 말해 **4차 산업혁명은 지능 정보 기술을 기반으로 하는 생산의 '지능화 혁명'**이라고 정리할 수 있어요.

4차 산업혁명의 특징은 디자인, 생산, 유통, 소비에 관한 모든 정보가 연결되고 다양한 산업과 기술이 융합되는 것이에요. 이 융합과 연결

이라는 특징 때문에 4차 산업혁명이 어떤 결과를 가져올지 아직 정확히 예측하기 어려워요. 이전의 산업혁명들처럼 특정 산업, 특정 기술만 발전하는 게 아니라 여러 분야가 연결되고 융합하니까요. 그래서 어떤 산업이 발달할지, 어떤 신기술이 등장할지, 어떤 직업이 사라지고 생겨날지를 많은 학자들이 계속 연구하고 있답니다.

1차~4차 산업혁명

	핵심 기술	내용	특징
1차 산업혁명	증기기관	기계화 혁명	제조업 등장
2차 산업혁명	전기에너지	자동화 혁명	대량생산 가능
3차 산업혁명	컴퓨터와 인터넷	지식 정보화 혁명	정보통신기술의 발달
4차 산업혁명	지능 정보 기술	지능화 혁명	융합, 연결

Q 인공지능과 로봇이 일자리를 다 가져가면 어쩌죠?

4차 산업혁명 시대에 우리는 무슨 일을 해야 할까요? 세계경제포럼이 발표한 일자리의 미래 보고서에는 향후 5년간 세계적으로 500만 개의 일자리가 감소할 거래요.

이미 우리는 주변에서 일자리 감소를 느끼고 있어요. 마트의 계산대가 무인 시스템으로 바뀌고 있고요, 영화관이나 패스트푸드점을 가면 무인 계산기가 주문을 받지요. 사람만 가능하다고 생각했던 인지 능력(지식 활용, 추론, 판단, 창작 등)도 인공지능이 대신할 수 있대요. 이미 인공지능 기자, 인공지능 화가, 인공지능 작곡가까지 등장했답니다.

1차 산업혁명 때 사람들은 기계 때문에 일자리를 빼앗긴다고 생각하고 기계 파괴 운동을 했었어요. 그러나 1차 산업혁명으로 인한 제조업의 발달은 더 많은 일자리의 증가를 가져왔지요. 뒤이은 2차, 3차 산업혁명 때도 마찬가지였고요. 4차 산업혁명 시대의 일자리 전망은 아직 확실하지 않아요. 희망적인 의견과 부정적인 의견이 모두 존재하지요. 4차 산업혁명이 새로운 일자리를 많이 가져다준다면 그 일자리가 원하는 능력을 준비해야 하고, 4차 산업혁명이 일자리를 많이 없애 버린다면 그에 대해 더 철저한 준비가 필요해요.

무엇보다도 우리는 인공지능이 대신하기 어려운 일, 인공지능이 할 수 있어도 사람이 하는 게 더 나은 일에 초점을 맞추어 보아야 해요. 사람의 감정을 다루는 일, 창의력이 필요한 일, 사람을 직접 대면해야만 하는 일, 사람의 생명이나 운명을 결정짓는 막대한 책임감을 필요로 하는 일 등은 기술이 아무리 발달해도 계속 사람이 할 거예요.

알파고와 세계 바둑 챔피언 이세돌의 다섯 번 대결에서 알파고는 4승

1패를 했어요. 4승을 했으니 인공지능이 사람보다 우수하고 대부분의 일자리는 이제 인공지능이 차지할 수도 있다고 생각할 수 있지만, 반대로 알파고의 1패에 집중해서 생각해 봐요. 알파고의 1패가 아주 중요한 순간에 벌어진다면 어떻게 될까요? 예를 들어 사람의 목숨이 달린 수술 같은 경우예요.

또 알파고는 바둑을 잘 이기지만 잘 져 줄 수는 없어요. 연거푸 져서 풀이 죽은 꼬마를 위해 일부러 져 주는 행동을 인공지능은 못하겠지요. 인간은 논리와 계산 이상의 행동이 가능해요. 그리고 잊지 말아야 할 사실은 인공지능을 만든 것도, 인공지능을 수리하고 향상시키는 것도 인간이라는 거죠.

Q 미래 전망이 좋은 직업에는 무엇이 있나요?

미래 전망이 좋은 직업을 예상해 보려면 사회의 변화 모습과 사람들의 관심사를 살펴보아야 해요. 우선 우리 사회는 세계화, 정보화, 고령화라는 큰 변화를 계속 겪고 있어요. 그리고 요즘 사람들은 깨끗한 환경에서 건강하게 오래 사는 데 관심이 많아요. 또 문화생활을 즐기는 질 높은 삶을 꿈꾸지요. 요약하면 **세계화, 정보화, 고령화, 환경, 바이**

오, 문화 등이 미래 유망 직업과 관련된 키워드라고 할 수 있겠어요.

세계화와 관련된 미래 유망 직업은 상품, 서비스, 사람 등이 국경을 넘어 원활하게 교류하게 돕는 직업이에요. 요즘 같은 세계화 시대에는 모든 상품과 서비스를 국내는 물론 해외에서도 팔 생각을 하고 만들어요. 따라서 해외에서 제품을 홍보할 마케팅 전문가, 해외에서 상품을 유통시킬 국제 물류 유통 전문가가 있어야 해요. 그리고 국경을 넘어 국가 간 교류를 하다 보면 다툼이나 분쟁이 종종 일어날 수 있어요. 이런 문제를 연구하고 해결하는 일을 하는 국제기구 사무관, 국제회의 전문가 등도 주목받는 직업이에요.

정보화와 관련된 미래 유망 직업은 무엇보다도 4차 산업혁명 핵심 기술과 관련된 직업들이에요. 지금도 인기 있는 직업인 앱 개발자부터, 인공지능 전문가, 사물 인터넷 전문가, 빅데이터 전문가, 3D프린터 전문가, 가상·증강 현실 전문가, 정보 보안 전문가, 드론 전문가, 로봇공학자 등이 있지요. 여기서 끝이 아니에요. 4차 산업혁명의 특징이 기술과 산업의 연결, 융합이기 때문에 아주 많은 직업이 새롭게 만들어질 거예요.

고령화와 관련된 미래 유망 직업은 실버산업 관련 직업이에요. 실버산업은 노인들을 위한 상품과 서비스, 편의시설 등을 만들거나 제공하는 산업을 말해요.

실업 산업의 분야로는 요양 시설, 노인 전용 의료 서비스, 가정 방문 서비스, 노인 전문 화장품과 의복, 노인 전용 전자 기기, 노인 전문 관광 상품, 노인 대상 운동 프로그램 등 다양합니다. 따라서 노인 전문 간호사, 노인 전문 요양 보호사, 노인 전문 심리 상담사, 노인 전문 상품 기획자, 노인 전문 건강 트레이너 등이 유망한 직업으로 꼽혀요.

환경과 관련한 미래 유망 직업으로는 에너지와 기후변화 관련 직업을 생각해 볼 수 있어요.

에너지 관련 직업의 대표 주자는 신재생 에너지 전문가예요. 신재생 에너지 전문가는 석유와 석탄 대신 고갈될 염려가 없는 태양열, 지열, 풍력, 수소 등을 이용해 전기를 생산하는 일을 하지요. 수소 자동차, 전기 자동차 등 친환경 자동차 전문가도 신재생 에너지 전문가라고 볼 수 있어요.

한편 환경이 파괴되면서 기후변화와 그로 인한 자연재해도 심각한 문제예요. 기후변화 대응 전문가는 기후변화를 예측하고 그에 대비할 대책을 만들어 내는 일을 해요. 따라서 기후변화 대응 전문가도 미래에 반드시 필요한 직업이지요.

바이오 산업 관련 직업은 절대로 빼놓을 수 없는 미래 유망 직업이에

요. 바이오 산업은 생물이 가지고 있는 물질, 기능, 정보 등을 이용해 상품이나 서비스를 만들어 판매하는 산업인데 아주 다양한 분야에 활용되고 있어요.

난치병 치료제, 백신, 병충해에 강한 작물, 분해되는 플라스틱 등이 바이오 산업의 대표 작품이지요. 바이오 산업은 건강, 환경 등 현대사회 문제와 관련이 깊어 전망이 아주 밝아요. 바이오 산업 관련 유망 직업에는 생명공학자, 바이오 의약품 개발 전문가, 생체 인식 전문가 등이 있어요.

마지막으로 문화 산업 관련 유망 직업이에요. 기계가 아무리 발달해도 사람을 감동시키고, 울고 웃게 하는 일은 사람밖에 할 수 없는 일이잖아요.

　기술의 발달로 일하는 시간은 더 짧아질 것이고, 사람들은 늘어난 여가 시간을 보낼 즐길 거리를 더욱 찾게 될 거예요. 따라서 영화, 드라마, 개인 방송, 음악, 게임, 공연, 만화, 미술 등 문화 산업이 발전할 수밖에 없고 관련 일자리도 늘어나겠지요. 관련 직업으로는 크리에이터, 게임 기획자, 문화 콘텐츠 전문가 등을 들 수 있어요.

　이 외에도 급격한 사회 변화에 적응하지 못하고 소외된 사람들을 위한 복지 전문가, 반려동물 인구의 증가로 인한 반려동물 관련 직업, 기계화와 자동화로 인해 일하는 시간이 줄면서 필요할 때만 일을 하는 사람들을 위한 플랫폼 관련 직업 등도 눈여겨볼 직업이에요.

Q 통일이 되면 어떤 직업의 전망이 좋을까요?

우리 땅에 평화가 정착되고 우리 민족이 다시 하나가 될 통일은 언젠가 반드시 이루어야 할 중요한 숙제예요. 통일이 되면 어떤 점이 달라지는지 살펴보고 통일 한국의 유망 직업도 예상해 봐요.

첫째, 통일이 되면 한반도에 평화가 정착돼요. 더 이상 전쟁의 두려움에 떨지 않아도 되고, 막대한 국방 예산을 쓸 필요가 없어요. 평화로운 통일 한국에는 더 많은 사람들이 안심하고 투자할 것이고, 아낀 국방 예산은 다른 분야의 발전에 사용할 수 있지요.

둘째, 영토와 영해가 넓어져요. 영토와 영해가 넓어진다는 의미는 단순히 땅과 바다만 넓어지는 게 아니라 그 안에 있는 지하자원, 산림자원, 해양자원, 수산자원도 늘어난다는 뜻이에요.

또 넓어진 영토에는 많은 건물과 시설이 새롭게 들어설 테니 건축, 전력 산업도 발전하겠지요.

셋째, 인구가 늘어나요. 현재 남북한 인구만 합해도 8,000만 명에 가깝거든요. 인구가 늘어나면 일할 사람과 물건을 살 사람이 늘어나서 경제가 더욱 발전할 수 있어요. 현재 남한은 저출산·고령화로 일할 사람이 점차 부족해지는 문제점을 안고 있어요. 통일이 된다면 일할 사람

걱정은 충분히 덜 수 있겠지요.

넷째, 반도의 장점을 살릴 수 있어요. 지금까지 남한은 휴전선 때문에 대륙으로 진출할 길이 막혀 섬과 마찬가지였어요. 그래서 배로만 무역이 가능했지요. 그러나 통일이 되면 자동차나 기차로 유럽, 아시아 국가들과 교류할 수 있어요.

다섯째, 남한의 발전된 기술과 자본, 북한의 풍부한 자원과 노동력이 결합돼요. 남한은 세계에서 경제 규모 10위권 안에 드는 경제 대국으로 전자, 정보통신, 자동차 등 다양한 산업이 발달해 있어요. 북한은 금, 아연, 철 등 다양한 자원을 가지고 있지요. 이러한 남북한의 장점이 결합되면 미래 산업이 크게 발전할 수 있어요.

여섯째, 사회복지의 역할이 중요해져요. 남한보다 경제 규모가 훨씬 작고 산업이 발전하지 못한 북한의 주민들은 통일 후 제도 변화, 물가 상승 등으로 경제적 어려움을 겪게 될 확률이 높아요. 이들이 안정된 생활을 하고 자립하게끔 도와줄 사회복지 정책이 폭넓게 필요해요.

일곱째, 교육기관이 늘어나요. 현재 남북한은 오랜 분단으로 인해 정치제도, 경제구조, 언어, 생활 습관, 문화 등 다른 점이 아주 많아요. 이런 차이를 극복하고 민족의 동질성(사람, 사물의 바탕이 되는 같은 성질을 말해요.)을 회복하려면 교육이 반드시 필요하지요.

여기까지 살펴봤을 때 **통일 후 발전한 분야로 건설, 전력, 자원, 교통·물류, 복지, 교육 등을 들 수 있어요.** 이와 관련된 직업들이 통일 이후 유망한 직업이라고 말할 수 있겠지요.

하지만 이 분야들뿐만이 아니에요. 통일은 정치적, 경제적, 사회적, 문화적으로 굉장한 변화를 가져올 것이기 때문에 사실상 거의 모든 분야가 영향을 받고 발전할 거라고 예상해요.

독일처럼 우리의 통일도 예상보다 더 빨리 찾아올지도 몰라요. 따라서 통일 세대의 주역이 될 여러분들은 통일과 미래 사회에 관심을 갖고 늘 준비하는 자세를 갖추어야 해요.

 나가는 이야기

내 꿈은 직업의 요정

아기 이불이 집 앞에 부드럽게 착륙했다. 착륙하면서 생겨난 바람이 이마를 기분 좋게 간지럽혔다. 아기 이불에 앉으면 기분이 좋은 이유를 이제 알았다. 내 마음속에 꿈이 생긴 것이다. 꿈을 품은 사람은 항상 마음이 든든하다. 저번에 잡니가 하려던 말이 뭔지 알 것 같았다.

"잡니야, 저번에 하려던 말 있었잖아. 아기 이불에 앉으면 마음이 든든한 이유. 나 알 것 같아. 아기 이불에 앉으면 아기 이불을 덮던 어린 시절처럼 마음속에 큰 꿈을 품게 되는 거지?"

잡니는 빙그레 미소를 짓더니 고개를 끄덕이고는 물었다.

"세계 주인님, 이제 장래 희망 보고서 주제를 정하신 거죠?"

"응. 잡니야 고마워. 네 덕에 내가 뭐가 되고 싶은지 확실히 알게 되었어."

누나는 평소와 다르게 차분한 내 모습에 놀랐는지 관심을 가지고 물어봤다.

"뭘로 정했는데?"

"나도 잡니처럼 직업의 요정이 될 거야. 잡니야, 나 도와줄 거지? 요정이 되려면 어떻게 해야 해? 요정 학교 같은 게 있니? 나도 램프에 들어가야 하나?"

잡니는 잠깐 놀라서 말을 못 하다가 이내 너털웃음을 지었다. 잡니가 그렇게 큰 소리로 웃는 것은 처음 보았다.

"아이고, 주인님. 사람은 요정이 될 수 없어요. 그리고 요정은 직업이 아니에요. 제가 여러 주인님을 모셔 보았지만 세계 주인님처럼 순수하고 엉뚱한 분은 처음이네요."

나는 진지한데 잡니 이 녀석은 뭐가 그렇게 웃긴지 모르겠다. 누나도 같이 웃다가 진지한 내 표정을 보더니 웃음을 거두고 물었다.

"세계야, 너 왜 직업의 요정이 되고 싶은 건데?"

"내가 잡니 덕에 일과 직업에 대해서 제대로 알고 꿈을 찾았잖아. 그래서 나도 꿈이 없는 친구들에게 도움을 주고 싶어서. 그러려면 나도 요정이 될 수밖에 없잖아."

잡니와 누나 모두 감동받은 표정이었다.

"정말 멋진 꿈이에요! 그런데 세계 주

인님, 그 꿈은 꼭 요정이 되지 않아도 이룰 수 있어요."

누나와 나는 동시에 되물었다.

"어떻게?"

"학생들을 가르치는 선생님이 되면 되지요. 또 청소년 지도사, 직업 상담사, 사회복지사 같은 직업도 꿈을 찾는 어린이를 도울 수 있는 멋진 직업이에요."

선생님, 선생님이라. 생각해 보니 학생들을 가르치고 올바른 길로 이끌어 주는 선생님을 직업의 요정이라고 해도 될 것 같다. 비록 마법은 못 부리지만 말이다.

"좋아, 내 꿈은 이제부터 선생님이야. 오세계 선생님. 꽤 근사한데! 그런데 누나, 누나는 되고 싶은 게 많아서 고민이라더니 장래 희망을 뭘로 할지 결정 내린 거야?"

누나가 반짝이는 눈빛으로 대답했다.

"나는 내가 진짜로 좋아하고 잘하는 게 뭔지 찾기 위해서 나를 천천히 관찰해 보려고. 그렇게 발견한 사실을 매일 일기장에 쓸 거야. 그러면 확실한 꿈을 찾을 수 있을 것 같아."

이번에 잡니는 조용히 눈물을 훔치고 있었다. 잡니의 웃음과 눈물을 동시에 보다니. 오늘은 참 특별한 날이다.

"미래 주인님, 정말 멋진 계획이에요. 저 정말 감동받았어요. 그런데 세계 주인님, 장래 희망 보고서 안 쓰실 건가요? 내일까지 내야 한다면서."

"아, 맞다! 누나, 잡니야, 나 좀 도와주라!"